새 연세한국어 어휘와 문법 2-2

연세대학교 한국어학당 편

연세대학교 출판문화원

머리말

연세대학교 한국어학당은 1959년에 설립된 한국 최초의 외국어로서의 한국어 교육 기관이다. 연세대학교 한국어학당은 그간의 역사와 명성에 걸맞게 다양한 한국어 교재 편찬 및 관련 연구를 해옴으로써 한국어 교육을 선도해 왔다. 지금까지 전 세계에서 온 약 150여 개국의 17만여 명에 이르는 한국어 학습자에게 한국어와 한국 문화를 가르쳐 왔으며, 최근에는 빠른 속도로 변화해 가는 교육 환경에 맞추어 오프라인 한국어 교육뿐만 아니라 온라인 한국어 교육 콘텐츠 개발에도 노력을 기울이고 있다. 이미 세계 각국의 한국어 학습자를 대상으로 글로벌 온라인 대중 공개 강좌(MOOC)를 개설하여 학습자들로부터 큰 호응을 얻었고 연세대학교 온라인 교육 혁신 플랫폼인 런어스(LearnUs)에도 최신 기술을 활용한 한국어 콘텐츠를 올려서 학습자들을 만나는 중이다.

연세대학교 한국어학당은 그간 일반 목적 한국어 학습자들뿐만 아니라 특수 목적 한국어 학습자들을 대상으로 정규과정, 단기과정, 대학 한국어 과정 등 다양한 교육과정을 개설 운영하면서 학습자의 요구에 부응하는 최상의 교재를 개발해 왔다. 이러한 교재들은 국내외의 한국어 교육 기관에서 교사와 학습자들의 다양한 요구를 충족시키며 양질의 한국어 교수·학습을 위해 널리 사용되고 있다.

연세대학교 한국어학당은 그간 가장 큰 호응을 받아 왔던 '연세한국어' 1급~6급의 뒤를 이을 새로운 교재로 '새 연세한국어' 시리즈를 기획 출간하게 되었다. 이 교재의 개발을 위해 한국어 교육 현장 경험이 풍부한 전문 한국어 교육학자 및 교사들이 대거 투입되었고 최상의 한국어 교수법 및 학습자 집단의 요구에 대한 이해를 바탕으로 개발 작업이 장기간에 걸쳐 수행되었다.

이번에 출간된 '새 연세한국어' 시리즈는 총 6단계로 각 단계마다 어휘와 문법 교재, 말하기와 쓰기 교재, 듣기와 읽기 교재로 구성되어 있다. '새 연세한국어 어휘와 문법'은 한국어 학습자들이 각 숙달도별로 가장 필수적으로 익혀야 하는 주요 어휘와 문법에 대한 이해와 활용을 중심으로 구성되었다. '새 연세한국어 말하기와 쓰기'는 원활한 한국어 의사소통을 위해 꼭 필요한 표현 기능을 수행할 수 있도록 말하기, 쓰기 과제를 중심으로 구성되었다. 또한 '새 연세한국어 듣기와 읽기'는 듣기, 읽기 과제를 중심으로 각 급별 숙달도에 적절한 이해 능력을 함양시킬 수 있도록 구성되었다. 이 세 권의 교재는 어휘·문법, 표현, 이해 능력의 고른 발달을 위해 패키지로 함께 사용될 수도 있고, 교육 현장 여건이나 학습자의 요구에 따라 별도로 사용될 수도 있다. 또한 어휘와 문법 교재의 경우 별도의 지침서가 무료로 제공되므로 교육 경험이 다소 부족한 국내외의 한국어 교사들에게 유용한 길잡이가 될 수 있을 것이다.

연세대학교 한국어학당은 앞으로도 전 세계의 한국어 학습자들의 요구와 기대에 부응하는 교재 개발을 위해 최선을 다할 것이다. 아울러 본 교재가 국내외에서 한국어 교육을 위해 노력을 아끼지 않는 많은 교사와 한국어 학습을 위해 노력하는 모든 학습자들에게 크게 도움이 되기를 바란다.

연세대학교 언어연구교육원
한국어학당 교재편찬위원회

일러두기

교재 전체 구성

- 총 20개의 과로 각 과는 두 개의 항씩 총 40개의 항으로 이루어짐.
- 항별로 연습 문제가 수록되어 있고 과별로 복습 문제가 수록되어 있음.
  (1항 - 1항 연습 문제 - 2항 - 2항 연습 문제 - 복습 문제)
- **어휘:** 해당 항의 대화 어휘와 그 과의 주제와 관련이 있거나 2급에서 학습해야 할 어휘와 표현을 확장하여 제시함.
- **문법:** 항별로 두 개씩의 문법 항목을 제시하여 한 과에 총 네 개의 문법 항목이 있음.
- **연습 문제:** 해당 항에서 배운 어휘, 표현, 문법을 연습할 수 있도록 함. 부록에 제시되어 있음.
  - -1번: 목표 어휘나 표현을 문장 안에서 정확하고 적절하게 사용하는 연습을 하도록 함.
  - -2번: 대화를 완성하거나 그림을 보고 스스로 문장을 만드는 등의 문제를 통해 맥락에 적절하게 문법을 사용하는 연습을 하도록 함.
- **복습:** 과 전체(두 개의 항)의 어휘와 문법을 확인 학습할 수 있도록 함.
  - -1번: 과 전체 어휘를 모두 아우르는 문제로 이루어짐.
  - -2번: 과 전체 문법을 모두 아우르는 문제로 이루어짐.
- **모범 답안:** 연습 문제와 복습 문제의 모범 답안을 제시하여 혼자 연습하는 학습자의 경우에도 도움을 받을 수 있도록 함.
- **색인:** 어휘와 문법 색인에는 각 과에서 다루어진 어휘와 문법을 각각 가나다 순으로 정리하여 제시하였음.
- **별책:** 대화, 어휘, 문법의 의미와 용법, 문법 용례를 번역해서 실어 학습자들이 별책만을 가지고도 쉽고 간편하게 연습할 수 있도록 함.

세부 내용 구성

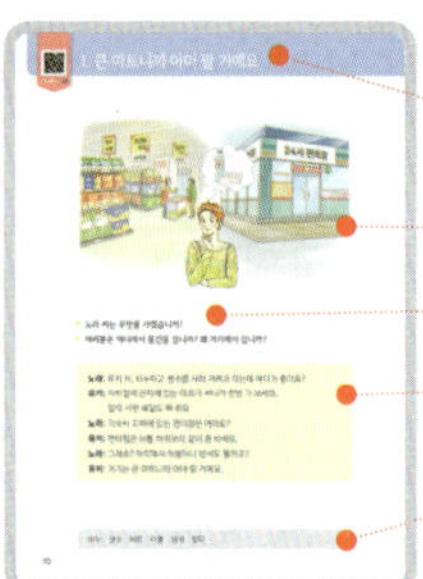

- **항 제목:** 본문 대화 중 문법 항목이 있는 문장으로 선정
- **도입 그림:** 항의 주제나 본문 대화와 관계 있는 그림을 제시함.
- **도입 질문:** 그림이나 본문 대화와 관계있는 질문으로 제시함.
- **대화:** 두 사람의 대화로 구성하였으며 3개의 대화 쌍으로 이루어짐.
- **대화 어휘:** 대화를 연습할 때 알아야 할 어휘를 아래에 제시함.

- **확장 어휘**
  해당 항의 주제와 관련이 있거나 2급에서 학습해야 할 어휘와 표현을 확장하여 제시함. 또한 학습자들이 제시된 어휘 항목을 쉽게 이해하고 학습할 수 있도록 그림이나 사진을 넣음.
- **어휘 연습**
  배운 어휘를 학습자가 제대로 이해했는지 바로 확인할 수 있도록 그림을 보고 쓰거나 말하는 문제로 제시함.

- **문법 예문:** 학습자가 예문을 통해 목표 문법을 잘 이해할 수 있도록 4개의 예문을 제시함. 목표 문법의 의미는 언어권 별로 번역하여 별책에 수록함.
- **문법 대화:** 학습자가 대화 상황을 통해 목표 문법을 잘 이해할 수 있도록 두 쌍의 대화를 제시함. 대화문은 언어권 별로 번역하여 별책에 수록함.
- **문법 연습:** 배운 문법을 맥락 안에서 적절히 사용할 수 있도록 만든 활동으로 <보기>를 보고 문제에 답할 수 있도록 함.
- **추가 어휘:** 배우지 않은 어휘가 있을 경우 연습 활동 옆에 추가로 제시함.

- **연습해 봅시다**

  각 항의 문법을 모두 아울러 앞에서 제시한 대화와 유사한 형식으로 말할 수 있도록 함.
- **<보기> 대화**

  앞에서 제시한 대화와 유사한 형식으로 제시하여 학습자가 쉽게 연습할 수 있도록 함.

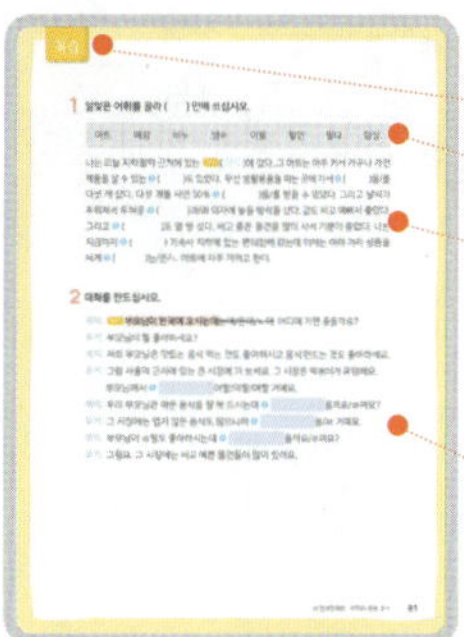

- **복습:** 과 전체의 어휘와 문법을 확인 학습할 수 있도록 함.
- **어휘:** 배운 어휘들 중에서 골라 답을 쓸 수 있도록 함.
- **1번:** 과 전체 어휘를 모두 아우르는 문제로 확장 어휘는 앞에서 확인 학습을 하였으므로 복습에서는 본문 대화 어휘를 위주로 하여 추가 어휘까지 모두 복습·확인할 수 있도록 함.
- **2번:** 과 전체 문법을 모두 아우르는 문제로 네 개의 문법 항목을 담화 상황에서 적절하게 사용하여 연습할 수 있도록 함.

- **연습 문제**
- **1번:** 목표 어휘나 표현을 문장 안에서 정확하고 적절하게 사용하는 연습을 하도록 함.
- **2번:** 대화를 완성하거나 그림을 보고 스스로 문장을 만드는 등의 문제를 통해 맥락 안에서 문법을 사용할 수 있게 연습하도록 함.

단원 구성

과	소단원	문법	대화 어휘	확장 어휘
11과 교통	1. 405번 버스로 갈아타세요	-다가 으로[3]	노선도, 반대, 을지로입구역, 이태원역, 쪽, 홍대	교통카드, 광화문, 노약자석, 단말기, 벨, 스크린도어, 손잡이, 승강장, 안전선, 여의도역, 요금, 종로, 줄, 홍대입구역, 깨다, 내다, 누르다, 대다, 서다, 열리다
	2. 빨리 가려면 서울역으로 해서 가세요	-으려면[1] 으로 해서	경복궁, 기사, 삼거리, 출퇴근, 밀리다, 세우다, 좌회전하다	광장 시장, 우회전, 유턴, 좌회전, 주차 금지, 주차장, 직진, 막히다, 주차하다
12과 학교생활	1. 단어를 자꾸 사용해야 기억할 수 있어	-어야 -으면 되다	기억하다, 사용하다, 연습하다, 외우다, 잊어버리다, 자꾸	메모, 버튼, 끝내다, 대답하다, 마치다, 발표하다, 지각하다, 질문하다, 출석하다
	2. 직접 오시거나 인터넷으로 신청서를 내세요	-는데요 -거나	신청서, 홈페이지, 내다, 신청하다, 직접	결과, 교환, 기간, 등록, 등록금, 시간표, 취소, 휴학
13과 공공 기관	1. 우선 통장부터 만드셔야 합니다	부터 -는 동안	비밀번호, 체크카드, 통장, 서명하다, 우선, 잠시	계좌 번호, 공과금, 도장, 번호표, 부부, 순서, 저금, 현금 자동 인출기, 환전, 씻다, 찾다
	2. 항공편으로 부치실 건가요?	-을 건가요? 이나[2]	배편, 상자, 소포, 저울, 항공편, 부치다, 포장하다, 올려놓다	국제 특급, 길이, 높이, 무게, 봉투, 우편번호, 우표, 크기, 택배, 낮다, 높다
14과 전화	1. 직원이 이 제품이 제일 인기가 많다고 했어	-는다고 하다 -냐고 하다	서비스 센터, 속도,이전, 검색하다, 고장 나다, 고치다	동영상, 위치, 계산하다, 녹음하다, 통화하다
	2. 다 함께 소풍을 가자고 해	-자고 하다 -으라고 하다	바비큐, 캠핑장, 데려오다, 방금, 함께	농구공, 답장, 남기다, 싸우다, 지우다, 확인하다, 가까이, 따로, 멀리

과	소단원	문법	대화 어휘	확장 어휘
15과 예약과 주문	1. 팀장님께서 식당을 예약해 달라고 하셨어요	-어 달라고(주라고) 하다 이라서	메뉴, 서비스, 선택, 팀장, 남다, 중요하다	공휴일, 날짜, 마지막, 말, 연락처, 연말, 연초, 연휴, 예약석, 초, 평일, 꺼내다, 비다
	2. 치킨 한 마리만 배달해 주세요	만 -었던	신용카드, 이상, 지난번, 현금, 결제하다, 금방	과거, 미래, 외출, 현재, 배달되다, 배달시키다, 잊다, 늘, 아까, 앞으로
16과 건강	1. 열이 나는 데다가 두통도 심해요	-는 데다가 ㅅ동사	감기, 기침, 두통, 열, 콧물, 나다, 붓다[1], 심하다, 푹	· 냄새, 땀, 배탈, 변비, 사고, 상처, 소화, 피, 뜨겁다, 목이 쉬다, 몸이 떨리다 · 긋다, 낫다[1], 낫다[2], 붓다[2], 잇다, 젓다, 짓다
	2. 우선 상처에 이 소독약이라도 바르세요	이라도 -지 않으면 안 되다	건강 보험, 소독약, 약사, 치료, 치료비, 다치다, 바르다	감기약, 기침약, 두통약, 몸무게, 변비약, 선풍기, 소화제, 이상, 점수, 토픽(TOPIK), 한약, 줄이다
17과 취미	1. 영화 보는 것만큼 재미있는 게 없어요	만큼 -어도	관심, 무료, 즐기다, 아무리	가족 영화, 공상 과학 영화, 공포 영화, 동물, 록, 만화 영화, 멜로 영화, 세계, 전쟁 영화, 달리다
	2. 이 피아노는 어머니께서 치시던 거야	-을 줄 알다(모르다) -던	피아노, 낚시하다, 조깅하다, 치다	기타, 당구, 동전, 드럼, 만화책, 물고기, 볼링, 새, 연극, 엽서, 오토바이, 팩스, 매다, 올리다, 키우다
18과 계획	1. 무슨 일이든지 미리 계획을 세우는 게 좋아	-던데요 이든지	경험, 낮, 밤, 학원, 벌다, 쌓다, 미리	겉, 바깥, 속, 아랫사람, 어른, 윗사람, 연기하다
	2. 졸업이 두 달밖에 안 남았네요	밖에 -을 줄 알았다	유학, 정도, 결정하다, 출국하다, 한	계획표, 고등학교, 매주, 매달, 매년, 유치원, 중학교, 초등학교, 입학하다

과	소단원	문법	대화 어휘	확장 어휘
19과 여행	1. 며칠이나 계셨어요?	이나[3] -은 뒤에	시설, 풍경, 숙박하다, 그렇게 -박 -일	객실, 교통편, 기념품, 렌터카, 리포터, 여행자 보험, 여행지, 예절, 왕복, 일정, 전망, 팬, 편도, 항공권
	2. 해외여행을 가기로 했는데 어디로 가면 좋을까?	-기로 하다 -자마자	볼거리, 옛날, 유물, 해외여행, 신기하다	가족 여행, 국내 여행, 단체 관광, 배낭여행, 수학여행, 자유 여행
20과 날씨와 생활	1. 비가 많이 온다고 하니까 다음에 가자	-는다고 하니까 -지 말고	기온, 강하다, 내리다, 계속, 그냥	남이섬, 미세 먼지, 습관, 안개, 열쇠고리, 영상, 영하, 최고, 최저, 춘천, 태풍, 강하다, 개다, 그치다, 끼다, 습하다
	2. 그래서 사람들이 옷을 얇게 입었군요	접속사 -을 테니까	종일, 햇빛, 오르다, 그러면	· 마스크, 비옷, 선크림, 실내, 장화, 집안일, 환기, 걸레질하다, 다림질하다, 설거지하다, 쓸다, 졸리다 · 그래도, 그러나, 왜냐하면, 하지만

차례

등장인물 | Main characters

에릭 파커
- 미국
- 한국어학당 학생
- 한국 전자 직원

존 카마우
- 케냐
- 한국어학당 학생
- 교환 학생

사토 유키
- 일본
- 한국어학당 학생
- 기자

리타오
- 중국
- 한국어학당 학생생
- 대학 입학 예정자

노라 한슨
- 노르웨이
- 한국어학당 학생
- 대학원 입학 예정자

최주앙
- 브라질
- 한국어학당 학생
- 대학 휴학생

응웬 흐엉
- 베트남
- 한국어학당 학생

레오 마르탱
- 프랑스
- 한국어학당 학생
- 요리사

올리비아 스미스
- 호주
- 한국어학당 학생
- 외교관

이윤아
- 한국
- 대학생

정하늘
- 한국
- 대학생

김우진
- 한국
- 한국 전자 직원

11과
교통

01 405번 버스로 갈아타세요

대화 어휘 노선도, 반대, 을지로입구역, 이태원역, 쪽, 홍대

확장 어휘 교통카드, 광화문, 노약자석, 단말기, 벨
스크린도어, 손잡이, 승강장, 안전선, 여의도역
요금, 종로, 줄, 홍대입구역, 깨다, 내다, 누르다
대다, 서다, 열리다

문법 -다가
으로[3]

02 빨리 가려면 서울역으로 해서 가세요

대화 어휘 경복궁, 기사, 삼거리, 출퇴근, 밀리다, 세우다
좌회전하다

확장 어휘 광장 시장, 우회전, 유턴, 좌회전, 주차 금지
주차장, 직진, 막히다, 주차하다

문법 -으려면[1]
으로 해서

MP3 / 21

1. 405번 버스로 갈아타세요

- 에릭 씨가 한국 호텔에 어떻게 가겠습니까?
- 여러분은 버스나 지하철을 갈아탄 적이 있습니까?

에릭: 우진 씨, 한국 호텔이 어디에 있어요? 친구가 결혼해서 내일 거기에 가야 해요.

우진: 그 호텔은 지하철 6호선 이태원역 바로 옆에 있어요.

에릭: 내일 저녁에 회사에서 출발할 건데 어떻게 가야 해요?

우진: 2호선을 타고 가다가 을지로입구역에서 405번 버스로 갈아타세요.

에릭: 홍대 쪽으로 가는 2호선을 타요?

우진: 아니요, 반대로 가는 걸 타야 해요. 여기 지하철 노선도를 보세요.

이태원역　을지로입구역　홍대　쪽　반대　노선도

• (　　) 안에 보기 와 같이 알맞은 어휘를 쓰십시오.

- 지하철역의 보기 (승강장)에서 ❶ (　　　　) 밖으로 나가지 마십시오.
- 지하철을 기다리고 탈 때 ❷ (　　　　)어야/아야/여야 합니다.
- ❸ (　　　　)이/가 열리면 사람들이 내린 후 타십시오.

보기 (교통카드가)~~이/가~~ 있으면 버스 ❹ (　　　　)을/를 낼 때 편리합니다.

- 버스에서 내리기 전에 벨을 ❺ (　　　　)어야/아야/여야 합니다.
- 버스를 갈아타야 하면 버스에서 내릴 때 교통카드를 ❻ (　　　　)에 대십시오. 그렇게 하면 할인을 받을 수 있습니다.
- 버스 안의 ❼ (　　　　)은/는 할아버지와 할머니, 몸이 불편한 사람이 앉는 자리입니다.
- 버스 안에서는 ❽ (　　　　)을/를 꼭 잡아야 합니다.

1 -다가

- 형이 책을 읽다가 전화를 받았습니다.
- 저는 기숙사에 살다가 하숙집으로 이사했어요.
- 친구가 극장에서 영화를 보다가 갑자기 나갔어.
- 엄마, 숙제를 다 하고 친구 집에 가서 놀다가 와도 돼요?

가: 어제 숙제를 다 하고 잤어요?
나: 아니요, 숙제를 하다가 피곤해서 잤어요.

가: 인천에 어떻게 가는지 알아?
나: 응, 알아. 2호선을 타고 가다가 시청역에서 1호선으로 갈아타.

- 에릭 씨의 하루입니다. 보기 와 같이 말하십시오.

깨다

보기

친구: 에릭 씨, 왜 **자다가** 깼어요?
에릭: **자다가** 전화가 와서 깼어요.

2 으로/로3

- 학교 근처에 있는 은행에서 중국 돈을 한국 돈으로 바꾸었어요.
- 치마를 입었다가 불편해서 바지로 갈아입었어요.
- 버스를 타고 가다가 강남역에서 지하철로 갈아탔어요.
- 저는 물냉면으로 하겠습니다.

가: 동대문에서 지하철 몇 호선으로 갈아타야 해요?
나: 4호선으로 갈아타세요.

가: 영화 표는 몇 시 표로 하시겠어요?
나: 5시 표로 하겠습니다.

- 주앙 씨가 운동을 하고 데이트를 하러 갑니다. 보기 와 같이 말하십시오.

보기

주앙 씨가 체육관에 가서 **운동복으로** 갈아입었어요.

연습해 봅시다

• 보기 와 같이 말하십시오.

	출발하는 곳	가고 싶은 곳	가는 방법
보기	학교	동대문 시장	학교 앞 → 종로 → 동대문 시장 470번 버스 / 101번 버스
1)	학교	미술관	학교 앞 → 광화문 → 미술관 700번 버스 / 1711번 버스
2)	백화점	방송국	백화점 앞 → 홍대입구역 → 방송국 지하철 2호선 / 7711번 버스
3)	커피숍	코엑스(COEX)	커피숍 앞 → 여의도역 → 코엑스 지하철 5호선 / 9호선

종로
광화문
홍대입구역
여의도역

보기

가: 학교에서 동대문 시장까지 어떻게 가는지 아세요?

나: 네, 학교 앞에서 470번 버스를 **타고 가다가** 101번 **버스로** 갈아타세요.

가: 어디에서 갈아타요?

나: 종로에서 갈아타세요.

2. 빨리 가려면 서울역으로 해서 가세요

- 유키 씨가 무엇을 타고 갑니까?
- 학교에 갈 때 어느 길로 가면 빨리 갈 수 있습니까?

유키: 기사님, 경복궁으로 가 주세요.
기사: 네, 알겠습니다.
유키: 출퇴근 시간이 아닌데 차가 많이 밀리네요.
기사: 빨리 가려면 서울역으로 해서 가는 게 좋겠습니다.
(경복궁 근처에서)
유키: 거의 다 왔네요. 저기 삼거리에서 좌회전하신 후에 빵집 앞에 세워 주세요.
(빵집 앞에서)
기사: 손님, 도착했습니다. 조심해서 내리세요.

기사 경복궁 출퇴근 밀리다 삼거리 좌회전하다 세우다

직진 좌회전 우회전 유턴

- 관계있는 것을 연결하십시오.

보기 똑바로 가세요. • ········ • 직진

1) 왼쪽으로 가세요. • • 주차장

2) 자동차를 세울 수 있는 곳입니다. • • 주차 금지

3) 건너편으로 돌아가서 내려 주세요. • • 유턴

4) 오른쪽으로 가세요. • • 우회전

5) 주차할 수 없습니다. • • 좌회전

- 그림을 보고 보기 와 같이 쓰십시오.

보기 여기서 (직진을)을/를 해서 은행 앞에 세워 주세요.

6) 여기서 ( )을/를 해서 빵집 앞에 세워 주세요.

7) 여기서 ( )을/를 해서 커피숍 앞에 세워 주세요.

8) 여기서 ( )을/를 해서 학교 앞에 세워 주세요.

차가 밀리다 길이 막히다

- 차가 밀려서 약속 시간에 늦은 적이 있습니까? 보기 와 같이 말하십시오.

보기

저는 **차가 밀려서** 수업 시간에 늦은 적이 있어요. 그날은 월요일이었는데 너무 **길이 막혔어요**. 다음부터 월요일에는 지하철을 타야겠어요.

1 -으려면/려면1

- 라면을 먹으려면 먼저 물을 끓이세요.
- 내일 늦게 일어나지 않으려면 일찍 자라.
- 잡채를 만들려면 고기와 채소를 사야 해요.
- 경복궁에 가려면 272번이나 708번 버스를 타세요.

가: 한국말을 잘하고 싶어요.
나: 한국말을 잘하려면 한국 친구를 사귀세요.

가: 이태원에 어떻게 가는지 알아요?
나: 네, 이태원에 가려면 지하철 6호선을 타세요.

- 윤아 씨가 친구들에게 어떻게 말할까요? 알맞은 것을 골라 보기 와 같이 말하십시오.

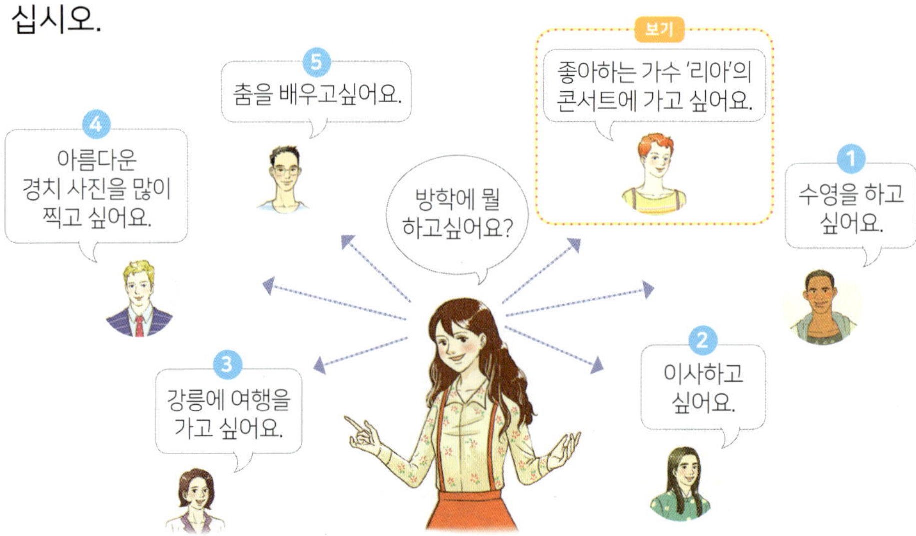

제주도에 가다	표를 일찍 예매하다	고속버스를 타고 가다
학교 수영장에 전화해 보다	학교 춤 동아리를 알아보다	먼저 인터넷으로 집을 알아보다

보기

윤아: 방학에 뭘 하고 싶어요?
노라: 제가 좋아하는 가수 '리아'의 콘서트에 가고 싶어요.
윤아: 그 가수는 요즘 인기가 많으니까 콘서트에 **가려면** 표를 일찍 예매하세요.

2 으로/로 해서

- 집에 갈 때 병원 쪽으로 해서 가요.
- 그 버스는 명동으로 해서 인천공항에 가요.
- 이 길로 해서 오면 기숙사에 더 빨리 올 수 있어요.
- 영국에 여행을 갈 때 프랑스로 해서 가려고 해요.

가: 학교에 올 때 어디로 해서 와요?
나: 저는 학생회관 앞으로 해서 와요.

가: 손님, 어디로 해서 갈까요?
나: 시청 앞으로 해서 가 주세요.

- 보기 와 같이 말하십시오.

보기

친 구: 리타오 씨, 집에 갈 때 어디로 해서 가요?
리타오: 저는 **공원으로 해서** 가요.

연습해 봅시다

• 보기 와 같이 말하십시오.

가는 곳	가는 방법	버스나 지하철이 가는 곳
보기 인사동	272번 버스	학교 앞 → 경복궁 앞 → 인사동
1) 광장 시장	721번 버스	신촌역 → 종로 → 광장 시장
2) 을지로입구역	지하철 2호선	홍대 → 시청 → 을지로입구역
3) 대한 호텔	택시	병원 앞 → 광화문 → 대한 호텔

광장 시장

보기

가: 인사동에 가야 하는데 어떻게 가는지 알아요?

나: 네, 인사동에 **가려면** 학교 앞에서 272번 버스를 타세요.

가: 그 버스는 **어디로 해서** 가요?

나: 경복궁 **앞으로 해서** 인사동에 가요.

복습

1 알맞은 어휘를 골라 ( ) 안에 쓰십시오.

노선도	반대	을지로입구역	쪽	홍대

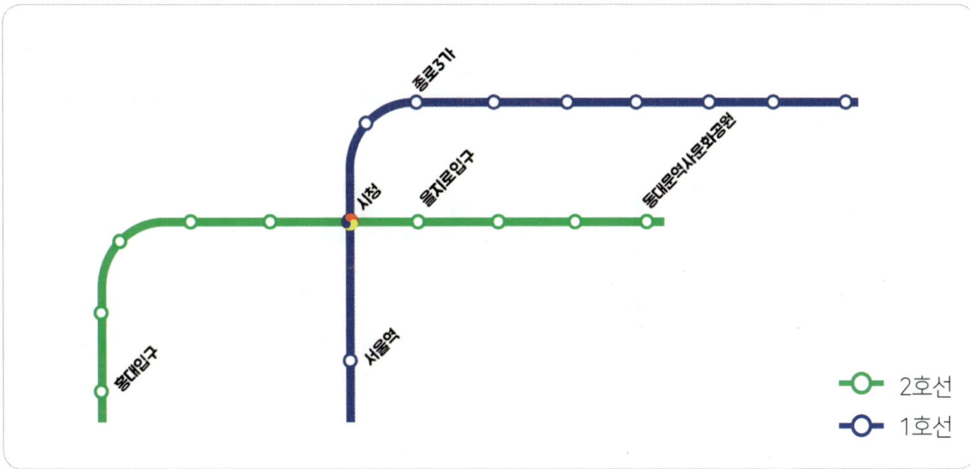

가: 우진 씨, 회사에서 보기 (을지로입구역)까지 멀어요? 내일 일이 있어서 그 근처에 가야 해요.

나: 아니요, 아주 가까워요. 여기 지하철 ❶ ( )이/가 있으니까 보세요.

가: 시청역에서 2호선으로 갈아타야 하는군요. ❷ ( ) 방향이 아니네요.

나: 네, ❸ ( )으로/로 가는 걸 타야 해요.

가: 그럼 동대문 ❹ ( )으로/로 가는 2호선을 타야겠네요. 고마워요.

기사	밀리다	삼거리	세우다	출퇴근	좌회전하다

가: 보기 (기사)님, 이태원역으로 가 주세요.

나: 네, 알겠습니다.

가: 차가 많이 ❺ ( )으네요/네요.

나: 네, ❻ ( ) 시간에는 교통이 아주 복잡해요.

-30분 후-

손님, 저기 1번 출구 앞에 ❼ ( )어/아/여 드릴까요?

가: 아니요, 조금 더 가면 ❽ ( )이/가 있어요. 저희 회사가 왼쪽에 있으니까 ❾ ( )어서/아서/여서 세워 주세요.

2 그림을 보고 대화를 만드십시오.

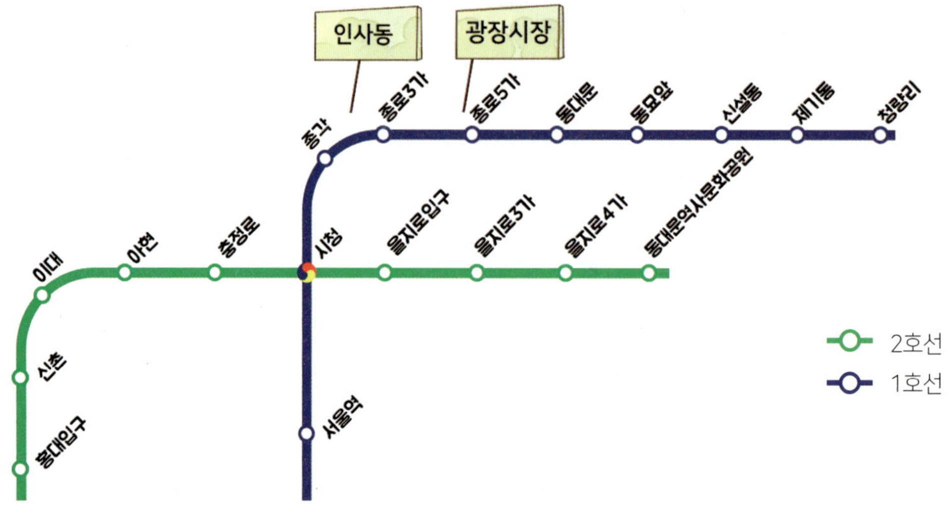

노라: 유키 씨, 재미있는 구경도 하고 여러 가지 맛있는 음식도 먹을 수 있는 곳을 알아요?

유키: 네, 구경도 하고 여러 가지 맛있는 음식도 보기 먹으려면~~으려면/려면~~ 광장 시장에 가 보세요. 종로5가에 있어요.

노라: 홍대에서 2호선을 타고 가려고 하는데 어느 역에서 갈아타야 해요?

유키: 2호선을 ❶ ______________다가 시청역에서 ❷ ______________으로/로 갈아타세요.

노라: 네, 고마워요. 광장 시장을 구경한 후에 한국 차도 마시러 가고 싶은데 어디에 가면 좋을까요?

유키: ❸ ______________으려면/려면 인사동에 가 보세요. ❹ ______________으로/로 해서 걸어서 가면 별로 멀지 않을 거예요.

12과

학교생활

01 단어를 자꾸 사용해야 기억할 수 있어

대화 어휘 기억하다, 사용하다, 연습하다, 외우다, 잊어버리다, 자꾸

확장 어휘 메모, 버튼, 끝내다, 대답하다, 마치다, 발표하다, 지각하다, 질문하다, 출석하다

문법 -어야

-으면 되다

02 직접 오시거나 인터넷으로 신청서를 내세요

대화 어휘 신청서, 홈페이지, 내다, 신청하다, 직접

확장 어휘 결과, 교환, 기간, 등록, 등록금, 시간표, 취소, 휴학

문법 -는데요

-거나

1. 단어를 자꾸 사용해야 기억할 수 있어

MP3 / 23

- 존 씨가 무슨 이야기를 합니까?
- 여러분은 학교에서 배운 단어를 자주 씁니까?

하늘: 존, 다음 주에 시험이 있지? 시험 공부는 잘 되니?

존　: 배운 것을 복습하고 있는데 단어가 많아서 자꾸 잊어버려.

하늘: 단어는 말하면서 연습하는 게 좋아. 이야기할 때 외운 단어를 많이 사용해 봐.

존　: 그래, 단어를 자꾸 사용해야 기억할 수 있겠지?

하늘: 응, 쉽지 않겠지만 열심히 연습하면 될 거야.

존　: 고마워. 시험이 끝난 후에 밥 한번 같이 먹자.

자꾸　잊어버리다　연습하다　외우다　사용하다　기억하다

1 수업을 시작하다

2 수업이 시작되다
수업을 듣다

3 결석하다

4 지각하다

5 출석하다

6 발표하다

7 질문하다

8 대답하다

9 수업을 끝내다
수업을 마치다
수업이 끝나다

• 보기 와 같이 쓰십시오.

우리 학교는 오전 9시에 보기 **수업이 시작됩니다**~~습니다/ㅂ니다~~. 선생님께서 1) ______________ 으시면/시면 학생들은 열심히 2) ______________ 습니다/ㅂ니다. 우리 학교 학생들은 학기마다 80%는 3) ______________ 어야/아야/여야 하기 때문에 결석하는 학생들이 많지 않습니다. 수업 시간에 4) ______________ 어야/아야/여야 할 때도 있는데 많은 학생들 앞에서 이야기하는 것이 힘들지만 재미있습니다.

1 -어야/아야/여야

- 책을 많이 읽어야 아는 것이 많아집니다.
- 운동을 열심히 해야 건강하게 살 수 있어요.
- 여권이 있어야 외국에 여행을 갈 수 있습니다.
- 놀이공원에 들어갈 때 학생이어야 할인을 받을 수 있다.

가: 에릭 씨, 지금 여기로 올 수 있어요?
나: 아니요, 저는 일을 끝내야 갈 수 있어요.

가: 우리 30분 후에 출발할까?
나: 아니, 지금 출발해야 약속 시간에 늦지 않을 거야.

- 에릭 씨와 우진 씨가 이야기합니다. 알맞은 것을 골라 보기 와 같이 말하십시오.

보기

일찍 자다	아침을 먹다	메모를 하다
계획을 세우다	열심히 공부하다	학생증을 만들다

보기

에릭: 시험을 너무 못 봤어요.
우진: 열심히 **공부해야** 시험을 잘 볼 수 있어요.

메모

2 -으면/면 되다

- 볶음밥을 만들 때 먼저 채소를 볶다가 밥을 넣어서 같이 볶으면 됩니다.
- 병원에 가려면 횡단보도를 건너서 오른쪽으로 가면 됩니다.
- 고향에서 가지고 온 휴대 전화를 사용하고 싶은데 어떻게 하면 돼요?
- 저는 혼자 살 거니까 방이 넓지 않아도 됩니다. 따뜻하면 됩니다.

가: 돈을 찾고 싶은데 어떻게 해야 해요?
나: 여기에다가 카드를 넣으면 됩니다.

가: 시험 공부는 교과서 몇 쪽까지 할까요?
나: 80쪽까지 하면 됩니다.

- 올리비아 씨의 집에서 파티를 하려고 합니다. 보기 와 같이 말하십시오.

보기

에　　릭: 신발을 어떻게 할까요?
올리비아: 신발을 벗고 **들어오면 돼요**.

버튼

연습해 봅시다

• 보기 와 같이 말하십시오.

하고 싶은 것	해야 하는 것	하는 방법
보기 한국말 잘하기	한국 친구 사귀기	동아리에 들기
1) 광장 시장에 가기	반대쪽으로 가는 버스 타기	지하도로 건너기
2) 스키 타 보기	스키장에 가기	강남역 앞에서 스키장에 가는 버스 타기
3) 수영복 사기	스포츠용품 매장에 가기	6층으로 올라가기

보기

가: 저는 한국말을 잘하고 싶어요.
나: 한국 친구를 **사귀어야** 한국말을 잘할 수 있어요.
가: 어떻게 하면 한국 친구를 사귈 수 있나요?
나: 학교 동아리에 **들면 돼요**.

MP3 / 24

2. 직접 오시거나 인터넷으로 신청서를 내세요

- 남자가 어디에 전화했습니까?
- 여러분은 사무실에 전화한 적이 있습니까? 왜 전화했습니까?

남자: 여보세요? 뭘 좀 물어보려고 전화 드렸는데요.

직원: 네, 말씀하십시오.

남자: 다음 학기에 한국어를 배우고 싶은데 어떻게 신청해야 돼요?

직원: 직접 오셔서 신청서를 내시거나 인터넷으로 신청하시면 됩니다.

남자: 신청은 언제까지 하면 돼요?

직원: 다음 달 20일까지입니다. 필요한 서류가 있으니까 꼭 홈페이지를 보십시오.

신청하다　직접　신청서　내다　홈페이지

YONSEI UNIVERSITY
The Korean Language Institute

20○○년

학기	신청 기간	등록	학기가 시작되는 날
봄 학기	20○○년 10월 17일 ~ 20○○년1월 20일	2월 9일까지	3월 9일
가을 학기	4월 17일 ~ 7월 14일	8월 1일까지	9월 1일

등록 학기가 시작되기 전에 등록을 해야 수업을 들을 수 있습니다.

등록금 ○,○○○,○○○원

신청 결과 신청서를 내시면 2~3주 후에 이메일로 신청 결과를 알려 드립니다.

등록 취소 학기가 시작된 후에 등록 취소를 하려면 신청서를 내야 합니다.

휴학 두 학기를 쉰 후에 등록을 하면 학기가 시작되기 전에 시험을 봐야 합니다.

수업 시간표

1교시	9:00-9:50	어휘 · 문법 수업
2교시	10:00-10:50	
3교시	11:10-12:00	읽기/듣기 수업
4교시	12:10-13:00	말하기/쓰기 수업

• 위 그림을 보고 보기 와 같이 쓰십시오.

보기 수업을 들으려면 학기마다 (등록을)을/를 해야 합니다.

1) 가을 학기 ( )은/는 4월 17일부터 7월 14일까지입니다.

2) 가을 학기 ( )은/는 8월 1일까지 내셔야 합니다.

3) 등록 ( )을/를 하려면 신청서를 내십시오.

4) 두 학기 ( )을/를 하면 학기가 시작되기 전에 다시 시험을 봐야 합니다.

• 보기 와 같이 말하십시오.

보기

가: 가을 학기에 수업을 듣고 싶은데 **신청 기간**이 언제까지예요?

나: 가을 학기 수업을 들으려면 7월 14일까지 신청하셔야 합니다.

신청 기간	등록금	수업 시간표

1 -는데요/은데요/ㄴ데요

- 저는 지금 밥을 먹는데요.
- 나는 오늘 할 일이 많아서 바쁜데.
- 제 동생은 경제학을 전공하는 대학생인데요.
- 죄송합니다만 다음 학기 신청 기간이 벌써 끝났는데요.

가: 여보세요, 노라 씨, 지금 오고 있지요?
나: 네, 지금 가고 있는데요.
가: 모두 기다리고 있으니까 빨리 오세요.

가: 에어컨을 켤까요?
나: 저는 좀 추운데요.
가: 그럼 에어컨을 켜지 맙시다.

- 올리비아 씨가 파티에서 만난 사람과 이야기합니다. 보기 와 같이 말하십시오.

보기

남 자: 어느 나라 분이세요?
올리비아: 저는 **호주 사람인데요**.
남 자: 아, 그러세요? 언제 한국에 오셨어요?

2 -거나

- 혼자 있을 때는 책을 읽거나 영화를 봐요.
- 음악을 듣거나 운동을 하면 기분이 좋아져요.
- 아프거나 외로울 때 고향에 가고 싶어져요.
- 사람들이 많거나 시끄러운 곳에서는 살고 싶지 않아요.

가: 노라 씨, 공부하다가 모르는 단어가 있으면 어떻게 해요?

나: 저는 사전을 찾거나 친구에게 물어봐요.

가: 우진 씨는 보통 주말에 뭘 하세요?

나: 저는 자전거를 타거나 등산을 가요.

- 기분이 안 좋을 때 무엇을 합니까? 보기 와 같이 말하십시오.

보기

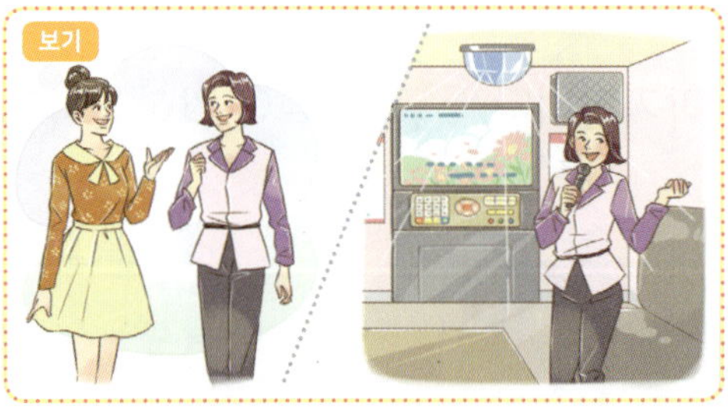

①

②

③

④

⑤

보기

친구: 기분이 안 좋을 때 무엇을 하면 기분이 좋아져요?

유키: 친구하고 **이야기하거나** 노래를 부르면 기분이 좋아져요.

연습해 봅시다

• 보기 와 같이 말하십시오.

보기

1

2

3

보기

가: 다음 학기에 기숙사를 **신청하고 싶은데요**.

나: 기숙사 신청은 홈페이지에서 하세요.

가: 더 알고 싶은 것이 있으면 어떻게 해야 해요?

나: 기숙사 사무실에 **전화하시거나** 이메일을 보내세요.

교환

1 알맞은 어휘를 골라 ( ) 안에 쓰십시오.

신청서	홈페이지	내다	사용하다	신청하다
외우다	잊어버리다	자꾸	직접	

오늘 나는 비자를 받을 때 필요한 서류를 보기 (신청하려고)~~으려고/려고~~ 사무실에 갔다. 학교 ❶ (   )에서도 신청할 수 있지만 수업 시간에 배운 한국말을 ❷ (   ) 고 싶어서 사무실에 ❸ (   ) 갔다. 배운 것을 ❹ (   )지 않으려면 ❺ (   ) 연습해야 한다.

사무실 직원은 나에게 ❻ (   )을/를 줬다. 거기에 내 이름과 전화번호를 써서 ❼ (   )어야/아야/여야 했다. 나는 내 전화번호를 ❽ (   )지 못해서 전화기에서 번호를 찾아서 썼다. 내일 서류를 찾으러 다시 사무실에 갈 것이다.

2 그림을 보고 대화를 만드십시오.

주앙: 하늘아, 물어볼 게 있어서 보기 전화했는데~~는데/은데/ㄴ데~~.

하늘: 응, 뭔데? 얘기해.

주앙: 우리 학교에 춤을 배울 수 있는 곳이 있니? ❶ ________________는데/은데/ㄴ데.

하늘: 응, 대학생들 춤 동아리가 있어. 동아리에 들어가고 싶으면❷ ________________ 으면/면 돼.

주앙: 그 동아리에 외국인 학생들도 있어?

하늘: 아마 있을 거야. ❸ ________________거나 직접 가 봐.

주앙: 전화해 보는 것보다 직접 가서 동아리 사람들에게 물어보는 게 좋겠다. ❹ ________________어야/아야/여야 동아리 분위기를 알 수 있을 것 같아.

하늘: 그래, 학생회관에 있으니까 시간이 있을 때 가 봐.

13과

공공 기관

01 우선 통장부터 만드셔야 합니다

대화 어휘 비밀번호, 체크카드, 통장, 서명하다, 우선, 잠시

확장 어휘 계좌 번호, 공과금, 도장, 번호표, 부부, 순서, 저금
현금 자동 인출기, 환전, 씻다, 찾다

문법 부터
-는 동안

02 항공편으로 부치실 건가요?

대화 어휘 배편, 상자, 소포, 저울, 항공편, 부치다, 포장하다, 올려놓다

확장 어휘 국제 특급, 길이, 높이, 무게, 봉투, 우편번호, 우표, 크기
택배, 낮다, 높다

문법 -을 건가요?
이나[2]

1. 우선 통장부터 만드셔야 합니다

- 흐엉 씨가 무엇을 합니까?
- 여러분은 은행에서 무엇을 합니까?

흐 엉: 체크카드를 하나 만들고 싶어서 왔어요.
은행원: 저희 은행 통장이 있으세요?
흐 엉: 아니요, 저는 이 은행 통장이 없는데요.
은행원: 그럼 우선 통장부터 만드셔야 합니다. 여권과 신분증을 가지고 오셨어요?
흐 엉: 네, 여기 있습니다.
은행원: 비밀번호를 누르고 여기에 서명하세요.
통장과 카드를 만드는 동안 잠시 앉아서 기다리세요.

체크카드 통장 우선 비밀번호 서명하다 잠시

어휘

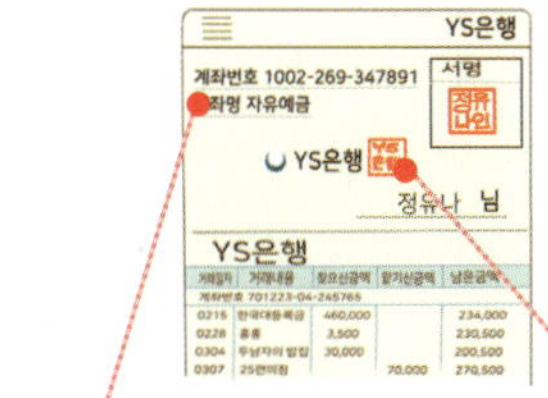

계좌번호 도장

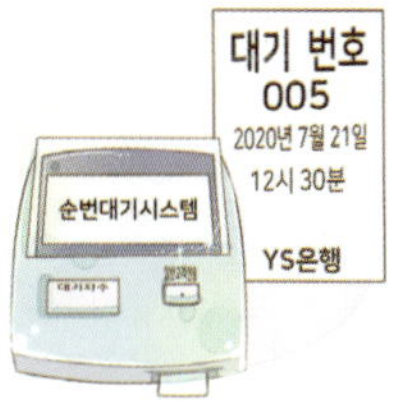

번호표

순서를 기다리다

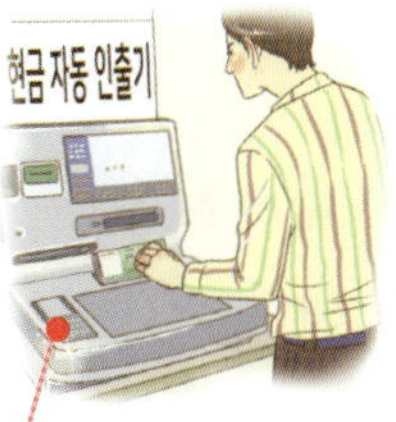

현금 자동 인출기
돈을 찾다

환전

저금

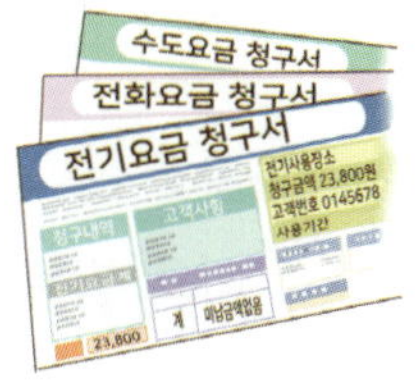

공과금

- 은행에서 무엇을 합니까? 보기 와 같이 말하십시오.

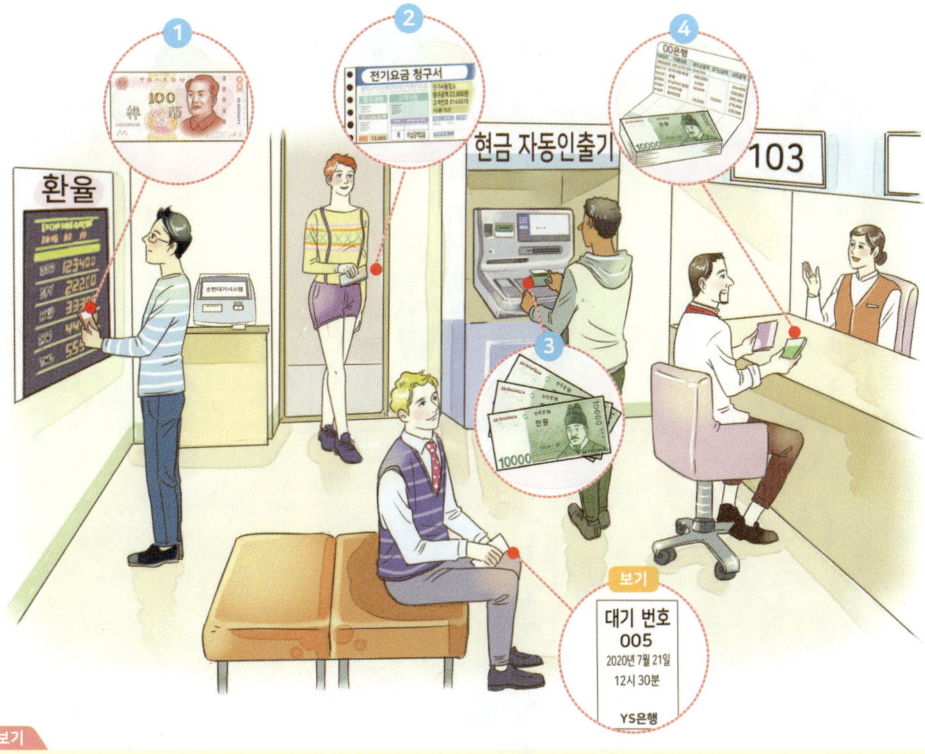

보기

에릭: 사람들이 많아서 <u>**번호표**</u>를 가지고 <u>**순서를 기다리고 있어요**</u>.

1 부터

- 저는 아침에 일어나면 물부터 마셔요.
- 어제 집에 가서 숙제부터 했습니다.
- 불고기를 만들려면 우선 고기부터 사야 해요.
- 수영을 하기 전에 먼저 준비 운동부터 하세요.

가: 선물을 산 후에 밥을 먹을까요?
나: 아니요, 밥부터 먹읍시다.

가: 집을 청소할 때 어디부터 해요?
나: 저는 책상부터 정리해요.

- 집에 가면 먼저 무엇을 합니까? 보기 와 같이 말하십시오.

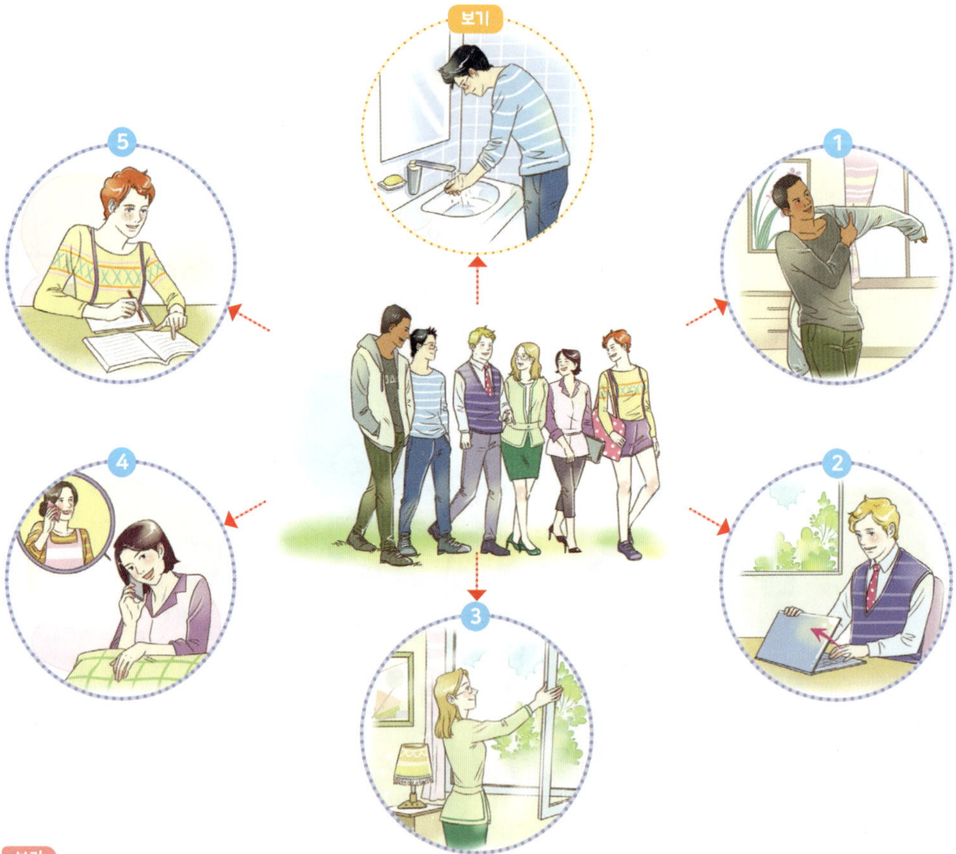

씻다

보기

리타오: 저는 집에 가면 **손부터** 씻어요.

2 -는 동안

- 제가 책을 읽는 동안 동생은 게임을 했어요.
- 어머니께서 집에 안 계시는 동안 언니가 요리를 해 줬어요.
- 저는 한국에 사는 동안 여기저기 여행을 많이 다니고 싶어요.
- 여름방학 동안 이번 학기에 배운 것을 모두 복습하려고 합니다.

가: 일을 다 끝냈어요?
나: 네, 아이가 자는 동안 일을 다 끝냈어요.

가: 비행기를 타고 한국에 오는 동안 뭘 했어요?
나: 신문을 읽었어요.

- 레오 씨 부부의 하루입니다. 보기 와 같이 말하십시오.

보기

1

2

3

4

5

보기
아침에 레오 씨가 **세수하는 동안** 레오 씨의 아내는 아침 식사를 준비해요.

부부

연습해 봅시다

- 알맞은 것을 골라 보기 와 같이 말하십시오.

보기

다음 주

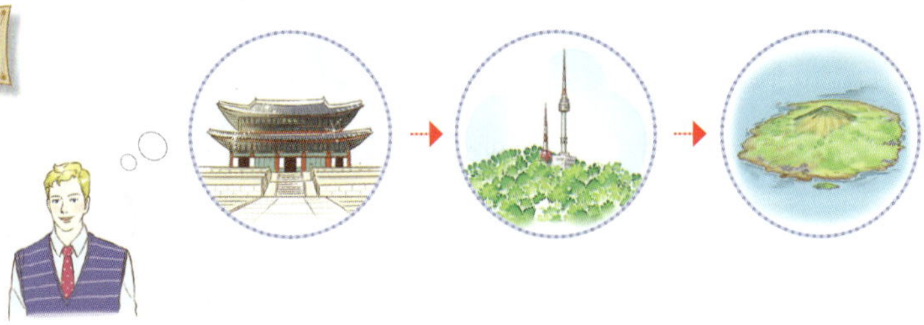

1

다음 달

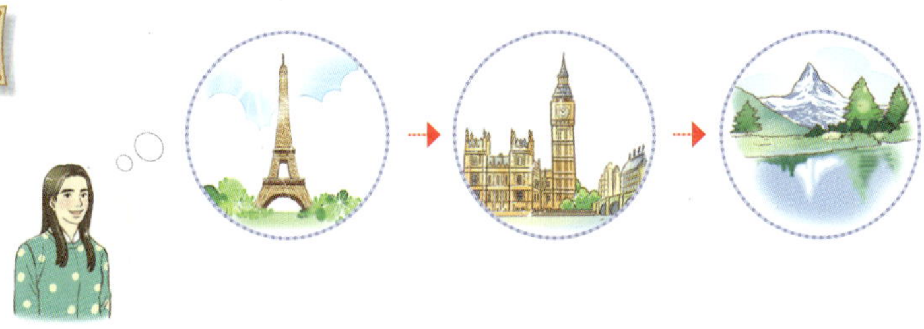

2

크리스마스

3

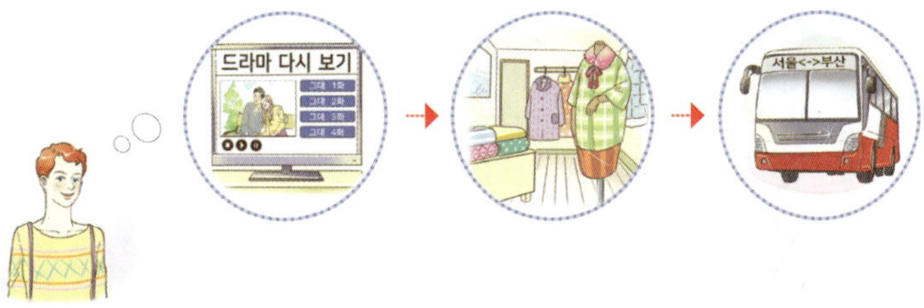

쉬다	한국에 계시다	고향에서 지내다	유럽 여행을 하다

보기

가: 에릭 씨, 언제 부모님이 한국에 오세요?

나: 다음 주에 부모님이 한국에 오실 거예요.

가: 부모님께서 한국에 **계시는 동안** 무엇을 먼저 하고 싶어요?

나: 부모님과 같이 **경복궁부터** 구경하고 싶어요.

2. 항공편으로 부치실 건가요?

- 올리비아 씨가 무엇을 하고 있습니까?
- 여러분은 우체국에서 무엇을 합니까?

올리비아: 이 소포를 호주에 보내려고 하는데요.

직　　원: 우선 상자에다가 넣어서 포장해 주세요.
그리고 저울에 올려놓으세요.
(잠시 후)

직　　원: 항공편으로 부치실 건가요? 배편으로 부치실 건가요?

올리비아: 급하지 않은 거니까 배편으로 보내려고 해요. 얼마나 걸려요?

직　　원: 배편은 두 달쯤 걸립니다.

올리비아: 두 달이나요?

소포　상자　포장하다　저울　올려놓다　항공편　부치다　배편

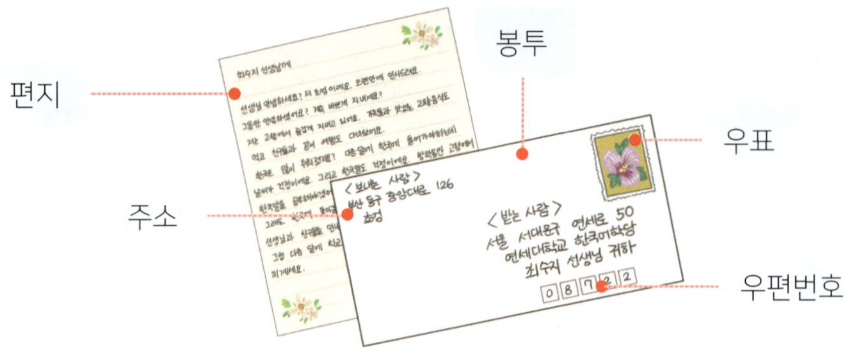

택배

국제 특급

• 보기 와 같이 쓰십시오.

오늘 부모님께서 보기 **국제 특급으로** ~~으로/로~~ 부쳐 주신 옷과 음식을 받았다.
1) ______ 회사 직원이 오전에 집으로 배달해 주었다. 나는 부모님께 감사의 편지를 썼다. 그리고 2) ______ 에다가 고향 집 3) ______ 과/와 4) ______ 을/를 써서 우체국에 가서 부쳤다. 내 편지를 받으시고 부모님께서 기뻐하셨으면 좋겠다.

무게

무겁다

가볍다

길이

길다

짧다

높이

높다

낮다

크기

크다

작다

- 여러분은 어떤 것이 좋습니까? 보기 와 같이 말하십시오.

보기

3.5kg

900g

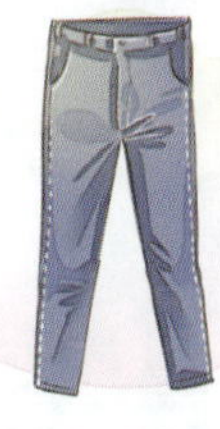

보기

저는 큰 가방을 좋아해요. 가지고 다니는 물건이 많기 때문에 **크기**가 작은 가방은 불편해요.

1 -을/ㄹ 건가요?

- 친구의 결혼식에 갈 때 양복을 입을 건가요?
- 이 상자를 거실에다가 놓을 건가요?
- 어느 나라 돈으로 바꾸실 건가요?
- 오늘 저녁에 무슨 음식을 만들 건가요?

가: 기숙사가 불편해서 이사하려고 해요.
나: 하숙집을 알아볼 건가요?
가: 네, 학교 근처 하숙집을 알아볼 거예요.

가: 내일 제주도에 갈 거예요.
나: 몇 시에 출발할 건가요?
가: 아침 8시에 출발할 거예요.

- 친구들의 주말 계획입니다. 보기 와 같이 말하십시오.

보기

올리비아: 저는 주말에 고향 친구를 만날 거예요.
흐 엉: 친구를 만나서 뭘 **할 건가요**?
올리비아: 이태원에 있는 식당에 가서 맛있는 스테이크를 먹을 거예요.

2 이나/나[2]

- 어제 너무 피곤해서 열두 시간이나 잤어요.
- 지난 주말에 동대문 시장에 가서 옷을 열 벌이나 샀어요.
- 아버지께서 어머니께 장미꽃을 백 송이나 선물하셨어요.
- 형과 저는 모자를 좋아해요. 그래서 우리 집에 모자가 오십 개나 있어요.

가: 길이 막혀서 경복궁에서 명동까지 두 시간 걸렸어요.
나: 두 시간이나요?

가: 그 가수는 자동차가 일곱 대나 있어요.
나: 와, 정말 많군요.

- 두 사람이 어제 한 일을 이야기합니다. 보기 와 같이 말하십시오.

보기

흐 엉: 어제 좋아하는 가수의 콘서트에 갔는데 다섯 시간 동안 줄을 서서 기다렸어요.
리타오: **다섯 시간이나요?** 오래 기다렸네요.

연습해 봅시다

- 보기 와 같이 말하십시오.

보기

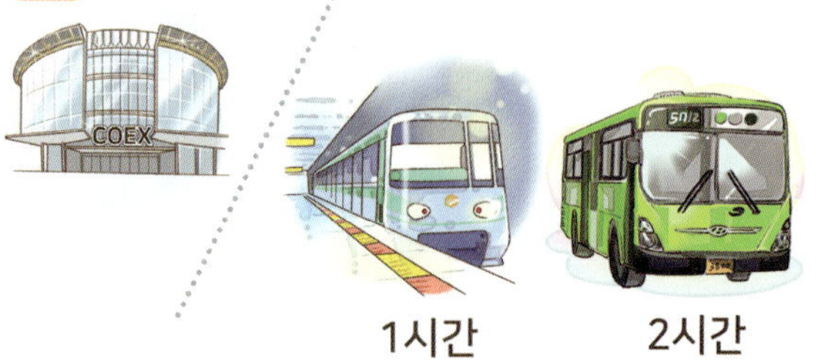

1

2

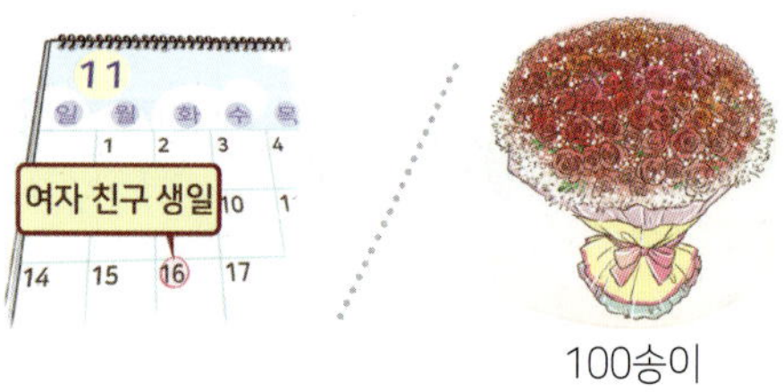

3

보기

가: 오늘 코엑스에 갈 거예요.

나: 뭘 타고 **갈 건가요**?

가: 지하철을 타고 갈 거예요. 버스를 타면 두 시간 걸려요.

나: 두 **시간이나요**?

1 관계있는 어휘를 골라 쓰십시오.

배편	비밀번호	상자	소포	저울	체크카드
통장	항공편	부치다	서명하다	올려놓다	포장하다

은행	우체국
비밀번호,	

- 여러분은 은행이나 우체국에 가서 무엇을 했습니까? 쓰십시오.

보기

저는 우체국에 가서 **소포**를 **부쳤어요**. 고향에 있는 친구에게 줄 선물을 **상자**에 넣어서 **포장해서** 보냈어요. **항공편**으로 보내면 요금이 비싸서 **배편**으로 보냈어요.

저는 ______________________________

____

2 대화를 만드십시오.

부터	이나요?	-는 동안	-을/ㄹ 건가요?

-은행에서-

유키: 저, 환전을 하려고 하는데요.

직원: 죄송합니다만 먼저 오신 보기 **분들부터** 해 드리고 있습니다.
(분들)

번호표를 가지고 기다려 주십시오.

유키: 얼마나 기다려야 합니까?

직원: 30분쯤 기다리셔야 할 것 같습니다.

유키: ❶ ______________________________?
(30분)

직원: 저기 의자 옆에 재미있는 잡지가 많으니까 ❷ ______________________________
(기다리다)

읽어 보세요.

-30분 후-

직원: 손님, 기다려 주셔서 감사합니다. 환전을 하실 거지요? ❸ ______________________________?
(어느 나라 돈으로 바꾸시다)

유키: 일본 돈을 한국 돈으로 바꿔 주세요.

직원: 네, 알겠습니다. 우선 이 ❹ ______________________________ 써 주십시오.
(신청서)

14과

전화

01 직원이 이 제품이 제일 인기가 많다고 했어

대화 어휘 서비스 센터, 속도, 이전, 검색하다, 고장 나다, 고치다

확장 어휘 동영상, 위치, 계산하다, 녹음하다, 통화하다

문법 -는다고 하다

-냐고 하다

02 다 함께 소풍을 가자고 해

대화 어휘 바비큐, 캠핑장, 데려오다, 방금, 함께

확장 어휘 농구공, 답장, 남기다, 싸우다, 지우다, 확인하다

가까이, 따로, 멀리

문법 -자고 하다

-으라고 하다

MP3 / 27

1. 직원이 이 제품이 제일 인기가 많다고 했어

- 노라 씨의 휴대 전화가 어떻습니까?
- 여러분은 휴대 전화로 무엇을 합니까?

윤아: 어, 이거 새 휴대 전화네.

노라: 이전 휴대 전화가 고장 나서 서비스 센터에 갔는데 직원이 고치기 힘들다고 했어. 그래서 새로 샀어.

윤아: 그랬구나. 휴대 전화 색이 참 예쁘다.

노라: 직원에게 요즘 인기가 많은 제품이 뭐냐고 물어봤는데 이게 제일 좋다고 했어.

윤아: 인터넷 검색하기도 편하니?

노라: 응, 속도가 아주 빨라.

이전 고장 나다 서비스 센터 고치다 검색하다 속도

어휘

통화하다

녹음하다

사진을 찍다

계산하다

음악을 듣다

동영상을 찍다

게임하다

동영상을 보다

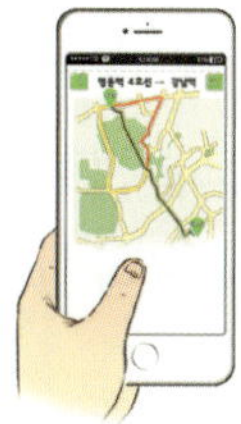
위치를 검색하다

- 휴대 전화로 무엇을 할 수 있습니까? 보기 와 같이 쓰고 말하십시오.

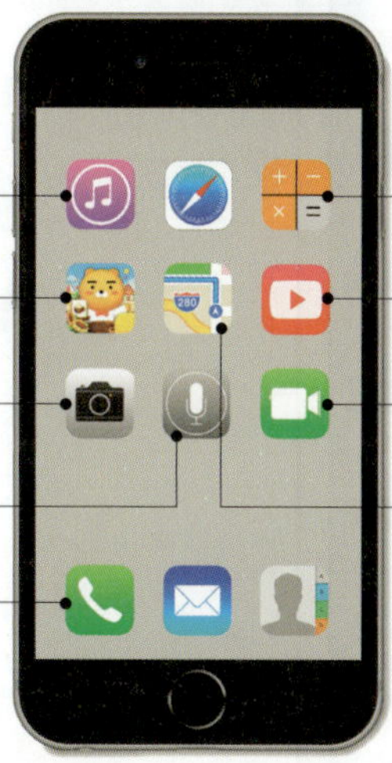

① ____________________

② ____________________

③ ____________________

④ ____________________

⑤ ____________________

⑥ ____________________

⑦ ____________________

⑧ ____________________

보기 통화하다

보기

요즘에는 휴대 전화로 얼굴을 보면서 **통화할** 수 있습니다. 외로울 때 고향에 있는 가족과 얼굴을 보면서 **통화해** 보세요.

문법

1 -는다고/ㄴ다고/다고 하다

- 에릭이 선생님께 날마다 한국어 신문을 읽는다고 합니다.
- 유키가 한국과 일본의 날씨는 비슷하다고 해요.
- 존이 먹고 싶은 음식은 중국 음식이라고 해.
- 어제 어머니께서 저에게 여름 옷을 부쳤다고 하셨어요.

가: 리타오도 오늘 저녁 모임에 와요?
나: 네, 리타오한테서 연락이 왔는데 리타오도 오늘 모임에 온다고 해요.

가: 노라 씨가 등산을 갈까?
나: 노라 씨는 등산을 가지 않는다고 해요.

- 유키 씨가 휴대 전화로 친구들에게 연락했습니다. 친구들이 뭐라고 합니까? 보기 와 같이 말하십시오.

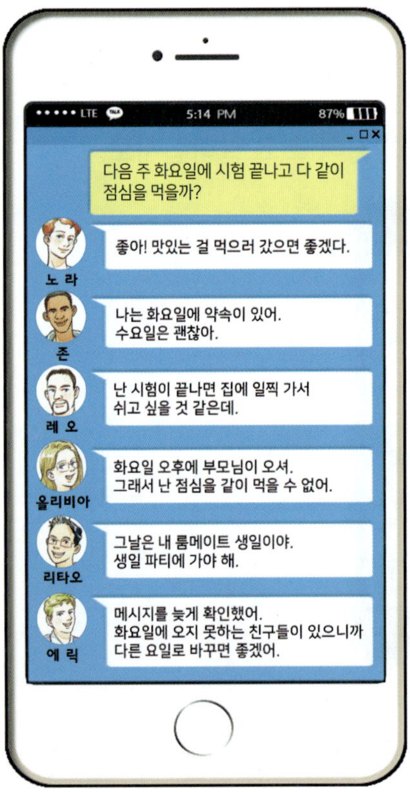

보기

노라 씨는 **좋다고 해요**. 맛있는 걸 먹으러 갔으면 **좋겠다고 해요**.

2 -냐고 하다

- 동생이 저에게 몇 시까지 수업을 듣냐고 해요.
- 아버지께서 저에게 요즘 많이 바쁘냐고 하셨어요.
- 사무실 직원이 존 씨에게 전화번호가 몇 번이냐고 했어요.
- 한국에 오기 전에 무슨 일을 했냐고 저에게 물어보는 사람들이 많아요.

가: 에릭한테 주말에 소풍을 갈 수 있냐고 물어봤어?
나: 응, 에릭도 주말에 소풍을 갈 수 있다고 했어.

가: 유키 씨가 뭐라고 했어요?
나: 유키 씨가 저에게 불고기를 어떻게 만드냐고 했어요.

- 흐엉 씨의 친구가 한국말을 못해서 흐엉 씨가 가게 주인에게 이야기합니다. 알맞은 것을 골라 보기 와 같이 말하십시오.

보기

양말은 없어요?	저건 얼마예요?	저것은 뭘 할 때 사용해요?
이 과자를 먹어 봐도 돼요?	이 공책은 무엇으로 만들었어요?	
요즘 외국인들에게 인기가 있는 물건이 뭐예요?		

보기

흐엉: 제 친구가 요즘 외국인들에게 인기가 있는 물건이 **뭐냐고 해요**.

연습해 봅시다

- 보기 와 같이 말하십시오.

보기

1

2

3

보기

가: 흐엉 씨, 사무실에 가서 뭘 물어봤어요?

나: 직원에게 다음 학기 등록금을 언제까지 **내면 되냐고 물어봤어요**.

가: 직원이 **뭐라고 했어요**?

나: 직원이 저에게 다음 주 화요일까지 **내면 된다고 했어요**.

2. 다 함께 소풍을 가자고 해

- 노라 씨가 왜 유키 씨에게 문자 메시지를 보냈습니까?
- 여러분은 문자 메시지를 자주 보냅니까?

에릭: 방금 누구한테서 문자 메시지가 왔어?

유키: 노라가 문자 메시지를 보냈어. 이번 토요일에 반 친구들과 함께 소풍을 가자고 해.

에릭: 그거 좋은 생각이다. 요즘 날씨가 좋아서 한강 공원이나 남산으로 놀러 가는 사람들이 많다고 해.

유키: 그럼 친구들에게 한강 캠핑장에 가자고 할까?

에릭: 응, 거기에서 자전거도 타고 바비큐 파티도 하면 재미있겠다.

유키: 그래, 그럼 난 친구들에게 연락해서 데려오고 싶은 사람이 있으면 같이 오라고 할게.

방금 함께 캠핑장 바비큐 데려오다

문자 메시지를 보내다

문자 메시지를 받다

답장을 보내다

음성 메시지를 남기다

음성 메시지를 확인하다

메시지를 지우다

• 위 그림을 보고 보기 와 같이 쓰십시오.

노라 씨는 유키 씨를 만나고 싶어서 유키 씨에게 전화했습니다. 그런데 유키 씨는 전화를 받지 않았습니다. 그래서 노라 씨는 유키 씨에게 보기 문자 메시지를 보냈습니다~~었습니다/았습니다/였습니다~~. 유키 씨는 노라 씨에게서 문자 메시지를 ❶ ______ 었습니다/았습니다/였습니다. 그리고 노라 씨에게 ❷ ______ 을/를 보냈습니다.

에릭 씨는 존 씨에게 숙제를 물어보려고 전화했지만 존 씨는 전화를 받지 않았습니다. 에릭 씨는 한국말로 문자 메시지를 보내는 것이 어려워서 말로 전하는 음성 메시지를 ❸ ______ 었습니다/았습니다/였습니다. 존 씨는 에릭 씨에게서 온 음성 메시지를 ❹ ______ 고 에릭 씨하고 통화를 했습니다.

• 친구에게 전화로 연락할 때 다음 중에서 어느 것이 좋습니까? 보기 와 같이 말하십시오.

통화	문자 메시지	음성 메시지

보기

저는 직접 **통화**하는 것이 좋습니다. **문자 메시지를 보내려면** 시간이 많이 걸립니다. 친구가 전화를 받지 않으면 **음성 메시지를 남기겠습니다**.

친구들과 함께 밥을 먹어요	친구들과 따로 밥을 먹어요.

기숙사가 가까이 있어요.	도서관이 멀리 있어요.

시간이 천천히 가요.	시간이 빨리 가요.

● 보기 와 같이 말하십시오.

보기 결혼하면 부모님과 함께 살 거예요? 따로 살 거예요?

1) 지금 살고 있는 집은 학교 가까이 있어요? 멀리 있어요?

2) 밥을 천천히 먹어요? 빨리 먹어요?

보기

저는 결혼하면 부모님과 **따로** 살고 싶어요. 하지만 아기가 생기면 **함께** 살 거예요.

1 -자고 하다

- 윤아 씨가 방학을 하면 같이 여행을 가자고 합니다.
- 친구가 저에게 이번 주말에 같이 고향 음식을 만들어서 먹자고 해요.
- 룸메이트가 방이 더러우니까 같이 청소하자고 해요.
- 에릭 씨가 내일은 일찍 출근해야 하니까 오늘 저녁에 술을 마시지 말자고 해요.

가: 반 친구들을 만나러 갈 거예요?
나: 네, 친구들이 1시에 신촌에서 만나자고 했어요.

가: 리타오, 존이 뭐라고 해?
나: 수업이 끝나고 같이 수영하자고 해.

- 친구들이 소풍 계획을 세웁니다 보기 와 같이 말하십시오.

보기

올리비아 씨가 반 친구들에게 날씨가 좋으니까 소풍을 **가자고 합니다**.

2 -으라고/라고 하다

- 레오 씨가 반 친구들에게 집들이에 꼭 오라고 해요.
- 부모님께서 저에게 건강을 조심하라고 하셨어요.
- 내가 동생에게 아이스크림을 사 가지고 오라고 했어.
- 의사 선생님이 저에게 담배를 피우지 말라고 하셨어요.

가: 노라한테 전화할 거야?
나: 응, 노라가 나한테 전화하라고 했어.

가: 경찰이 뭐라고 해요?
나: 저에게 저쪽에 있는 횡단보도로 건너라고 해요.

- 부모님께서 무슨 말씀을 자주 하셨습니까? 보기 와 같이 말하십시오.

보기

유키의 어머니

리타오의 아버지

에릭의 어머니

존의 아버지

흐엉의 어머니

노라의 아버지

보기

어머니께서 저에게 수업을 마치면 집에 일찍 **들어오라고 하셨어요**.

싸우다

연습해 봅시다

• 보기 와 같이 말하십시오.

보기

1

2

3

보기

노라: 유키한테서 문자 메시지가 왔어.

흐엉: 유키가 뭐라고 해?

노라: 유키가 우리한테 학교 안에 있는 커피숍에서 **만나자고 해**.

흐엉: 그럼 유키한테 4시까지 **오라고 해**.

농구공

복습

1 알맞은 어휘를 골라 (   ) 안에 쓰십시오.

서비스 센터　　속도　　검색하다　　고장 나다　　고치다

가: 내 휴대 전화가 보기 (고장 나서)~~어서/아서/여서~~ 새 휴대 전화를 사야 해.
나: 먼저 ❶ (   )에 가 봐. 휴대 전화를 ❷ (   )으면/면 다시 사용할 수 있지 않을까?
가: 산 지 오래된 전화기여서 고치는 것보다 새로 사는 게 나을 거 같아.
나: 그래? 그럼 인터넷으로 ❸ (   )을/ㄹ 때 ❹ (   )이/가 빠른 것으로 사.

바비큐　　캠핑장　　데려오다　　방금　　함께

오늘 반 친구들과 보기 (함께) ❺ (   )에 갔다. 우리는 거기에서 고기를 사 가지고 ❻ (   ) 파티를 했다. 오늘 존은 좀 늦게 왔는데 미국 사람 한 명을 ❼ (   )었다/았다/였다. 그 사람은 한국말도 잘하고 성격도 좋아서 반 친구들이 모두 좋아했다. ❽ (   ) 노라한테서 문자 메시지가 왔다. '오늘 즐거웠어. 잘 자.' 나도 답장을 보내고 자야겠다.

2 대화를 만드십시오.

-는다고 하다　　-냐고 하다　　-자고 하다　　-으라고 하다

존　: 흐엉 씨, 올리비아 씨가 이번 학기가 끝나면 고향으로 보기 돌아간다고 해요.
(돌아가다)

흐엉: 그래요? 저는 몰랐어요.
존　: 그래서 노라 씨가 반 친구들이 다 함께 모여서 다음 주에 ❶ ______________
(송별회를 해 주다)

흐엉: 좋은 생각이에요. 그렇게 해요.
존　: 노라 씨가 ❷ ______________
(무슨 요일에 모이는 게 좋다)

흐엉: 저는 다음 주 금요일이 좋아요. 그런데 다른 친구들은 그날 시간이 괜찮을까요?
존　: 에릭 씨는 ❸ ______________
(금요일에 일이 늦게 끝날 것이다)

제가 에릭 씨에게 장소를 가르쳐 주고 ❹ ______________
(그곳으로 찾아오다)

15과

예약과 주문

01 **팀장님께서 식당을 예약해 달라고 하셨어요**

대화 어휘 메뉴, 서비스, 선택, 팀장, 남다, 중요하다

확장 어휘 공휴일, 날짜, 마지막, 말, 연락처, 연말, 연초
연휴, 예약석, 초, 평일, 꺼내다, 비다

문법 -어 달라고(주라고) 하다
이라서

02 **치킨 한 마리만 배달해 주세요**

대화 어휘 신용카드, 이상, 지난번, 현금, 결제하다, 금방

확장 어휘 과거, 미래, 외출, 현재, 배달되다
배달시키다, 잊다, 늘, 아까, 앞으로

문법 만
-었던

1. 팀장님께서 식당을 예약해 달라고 하셨어요

MP3 / 29

- 에릭 씨가 무엇을 하려고 합니까?
- 식당을 예약할 때 무엇을 말해야 합니까?

에릭: 저희 팀장님께서 다음 주에 중요한 손님이 오시니까 저에게 식당을 예약해 달라고 하셨어요. 어디가 좋을까요?

우진: 남산 근처에 있는 '수라 한식집'이 어때요? 음식도 맛있고 서비스도 좋은 곳이라서 좋아하실 것 같은데요.

에릭: 그래요? 거기가 좋겠네요. 오늘 전화로 예약해야겠어요.

우진: 식당 주인에게 조용한 방으로 달라고 하세요.

에릭: 네. 그런데 메뉴 선택도 오늘 해야 해요?

우진: 아직 며칠 남았으니까 우선 메뉴를 한번 알아보세요.

팀장　중요하다　서비스　메뉴　선택　남다

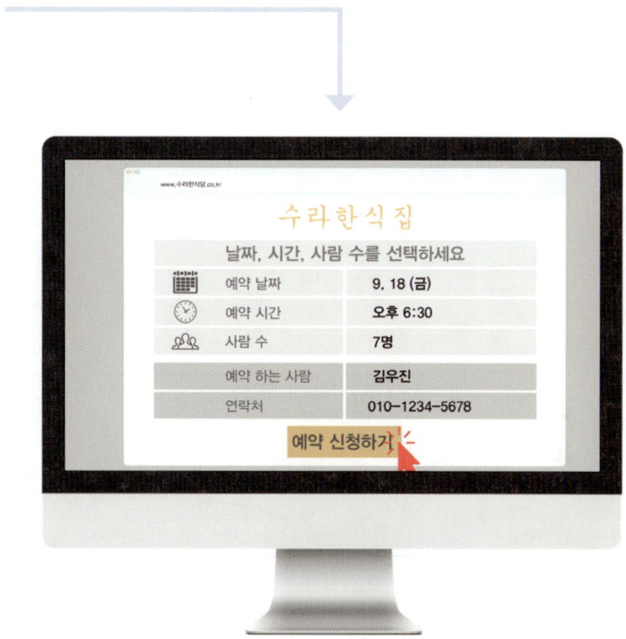

• 위 그림을 보고 보기 와 같이 쓰십시오.

가: 네, 수라 한식집입니다.

나: 여보세요? 보기 (예약하려고)~~으려고/려고~~ 합니다.

가: ① ( )은/는 언제로 해 드릴까요?

나: 다음 주 9월 18일 금요일로 해 주세요.

가: ② ( )은/는 몇 시로 해 드릴까요?

나: 오후 6시 30분으로 해 주세요.

가: 그날 몇 분이 오실 건가요?

나: 일곱 명입니다. 조용한 방으로 주시면 좋겠습니다.

가: 네, 예약하시는 분의 성함과 ③ ( )을/를 말씀해 주세요.

나: 저는 김우진입니다. 전화번호는 010-1234-5678입니다.

가: 9월 18일, 금요일, 오후 6시 30분, 일곱 분 예약되셨습니다. 감사합니다.

_____ 초 / 말

첫 /마지막 _____

연초 연말
9월 초 9월 말
학기 초 학기 말

첫 주 마지막 주
첫 수업 마지막 수업
첫 장면 마지막 장면

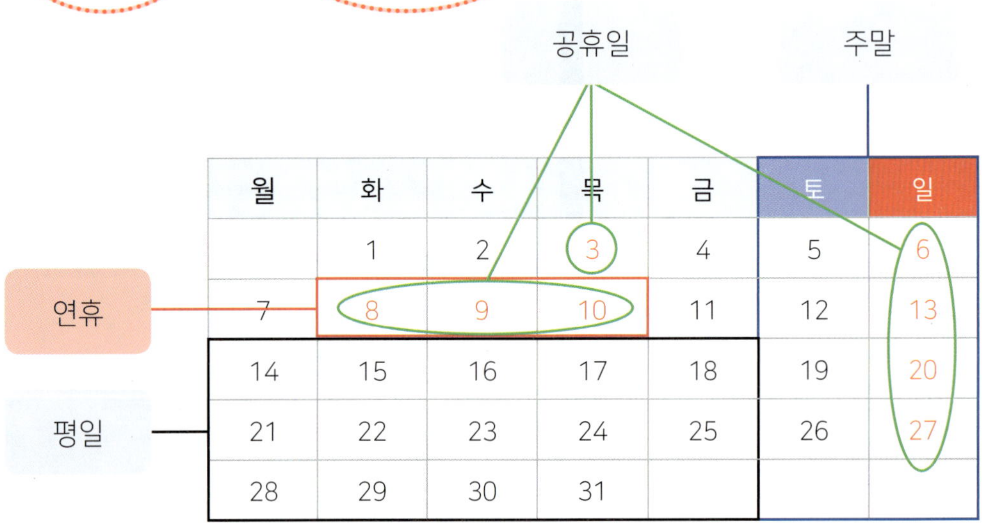

• 다음의 일들을 언제 합니까? 보기 와 같이 쓰고 말하십시오.

하는 일	하는 때
보기 고마운 사람들에게 카드 써서 보내기	연말
1) 반 친구들에게 연락처 물어보기	
2) 가까운 곳으로 여행 가기	
3) 파티하기	
4) 책상 정리하기	

보기

저는 **연말**에 카드를 써서 보냅니다. 한 해 동안 저에게 도움을 많이 주신 분들에게 감사의 인사를 전합니다.

1 -어/아/여 달라고(주라고) 하다

- 올리비아 씨가 가게 주인에게 옷값을 깎아 달라고 합니다.
- 아이가 엄마에게 빵을 만들어 달라고 해요.
- 어머니께서 형에게 아버지를 도와드리라고 하셨어요.
- 언니가 저한테 우산이 없는 친구에게 우산을 빌려 주라고 해요.

가: 노라 씨가 한국 노래를 배우고 싶어 해요?
나: 네, 저에게 한국 노래를 가르쳐 달라고 해요.

가: 레오 씨, 부인이 무슨 말씀을 자주 하세요?
나: 저에게 아이하고 많이 놀아 주라고 해요.

- 친구들이 공원에 소풍을 갔습니다. 보기 와 같이 말하십시오.

보기

에릭 씨가 리타오 씨에게 요즘 연습하고 있는 춤을 **보여 달라고** 합니다.

꺼내다

문법

2 이라서/라서

- 제 고향은 섬이라서 배를 타고 가야 해요.
- 설렁탕은 맵지 않은 음식이라서 외국 사람도 잘 먹을 거예요.
- 유키 씨는 기자라서 출장을 자주 가요.
- 이 자전거는 공원에서 빌린 거라서 돌려줘야 해요.

가: 요즘 리타오 씨를 자주 만나요?
나: 네, 리타오하고 같은 동아리라서 자주 만나요.

가: 출근 시간인데 교통이 복잡하지 않네요.
나: 요즘 휴가철이라서 그런 것 같아요.

- 알맞은 것을 골라 보기 와 같이 말하십시오.

회의 중	시험 기간	조카 생일	추석 연휴	점심 시간	세일 마지막 날

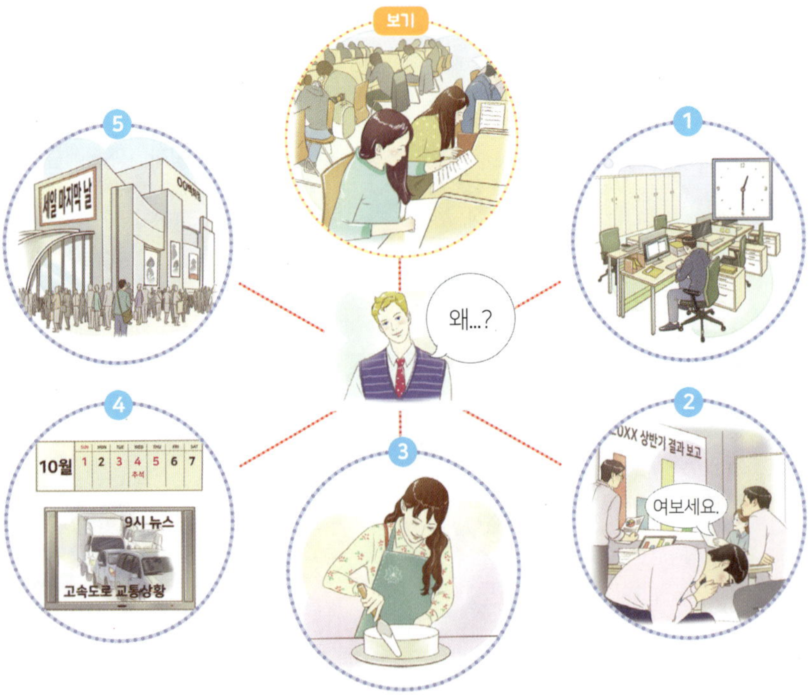

보기

에릭: 왜 도서관에 빈 자리가 없어요?
친구: **시험 기간이라서** 공부하러 온 학생들이 많아요.

연습해 봅시다

• 보기 와 같이 말하십시오.

보기

1

2

3

보기

가: 레오 씨가 뭐라고 했어요?

나: '한국 요리' 책을 **빌려 달라고 했어요**.

가: 왜 레오 씨가 직접 책을 빌리지 않아요?

나: **토요일이라서** 식당에 손님이 아주 많다고 해요.

2. 치킨 한 마리만 배달해 주세요

- 주앙 씨가 무엇을 하려고 전화했습니까?
- 여러분은 음식을 전화로 주문해서 먹은 적이 있습니까?

주앙: 여보세요? 거기 치킨 집이지요?

주인: 네, 그렇습니다.

주앙: 여기 연세 기숙사인데요, 치킨 한 마리만 배달해 주세요.

주인: 알겠습니다. 그런데 지금 신용카드 단말기에 이상이 생겨서 현금으로만 결제하실 수 있습니다.

주앙: 네, 현금으로 결제할게요. 지난번에 먹었던 감자튀김이 맛있었는데 그것도 하나 주세요.

주인: 감사합니다. 금방 배달해 드리겠습니다.

신용카드 이상 현금 결제하다 지난번 금방

주문하다

배달시키다

배달하다

배달되다

- 무엇을 배달시키겠습니까? 보기 와 같이 말하십시오.

보기 오후에 배가 고플 때	공원에 소풍을 갔을 때	어머니 생신

음식

선물

보기

저는 오후에 배가 고플 때 치킨과 맥주를 **배달시키겠어요**. 맥주와 치킨을 함께 먹으면 정말 맛있어요. 자주 먹으면 건강에 안 좋겠지만 가끔 먹는 것은 괜찮을 것 같아요.

- 과거, 현재, 미래 중에서 무엇을 중요하게 생각합니까? 보기 와 같이 말하십시오.

과거	현재	미래
금방 방금 아까	지금 이제	금방 곧 이따가 앞으로
늘		

보기

저는 **미래**를 중요하게 생각합니다. **앞으로** 더 행복하게 살려고 **지금** 열심히 공부하고 있습니다. 밝은 **미래**가 저를 기다리고 있을 것입니다.

문법

1 만

- 고기는 먹지 않고 채소만 먹는 친구가 있어요.
- 어제 모임에 반 친구들이 다 왔는데 존 씨만 오지 않았어요.
- 여기 앉아서 잠시만 기다리세요. 박 선생님은 곧 오실 거예요.
- 콘서트 표는 인터넷으로만 예매할 수 있습니다.

가: 친구하고 통화했어요?
나: 아니요, 문자 메시지만 보냈어요.

가: 하늘아, 빨리 일어나서 아침 먹어라.
나: 엄마, 오 분만 더 잘게요.

- 반 친구들이 주말에 한 일입니다. 보기 와 같이 말하십시오.

보기 리타오	노래 연습	~~공부~~	~~친구 만나기~~
1) 존	~~축구~~	게임	~~여행~~
2) 흐엉	~~쇼핑~~	~~요리~~	아르바이트
3) 올리비아	~~사진 찍기~~	책 읽기	~~일~~
4) 유키	잠	~~운동~~	~~파티~~
5) 노라	~~외출~~	~~공부~~	청소

외출

보기

에릭: 주말에 뭘 했어요?
리타오: 저는 **노래 연습만** 했어요.

2 -었던/았던/였던

- 이 양복은 형의 결혼식 때 입었던 거예요.
- 제가 남자 친구를 처음 만났던 곳이 이 식당입니다.
- 같이 일했던 사람들 중에서 한국 사람이 한 명 있었어요.
- 아주 작았던 아이가 벌써 이렇게 커서 대학생이 되었군요.

가: 이전에 사용했던 사전인데 필요하시면 드리겠습니다.
나: 네, 감사합니다.

가: 부산에서 먹었던 음식 중에서 뭐가 제일 맛있었어?
나: 돼지 국밥을 먹어 봤는데 정말 맛있었어.

- 친구들이 무엇을/누구를 잊지 못합니까? 보기 와 같이 말하십시오.

⑤ 어렸을 때 시골에서 살았어요. 그 집을 잊을 수 없어요.

보기 대학교에 들어가서 맥주를 처음 마셨어요. 그 맥주 맛을 잊을 수 없어요.

① 아홉 살 때 극장에 처음 가서 영화를 봤어요. 그 영화를 잊을 수 없어요.

④ 3년 전에 최 선생님께서 태권도를 처음 가르쳐 주셨어요. 그 선생님을 잊을 수 없어요.

③ 지난 학기에 한국어로 발표를 했어요. 그날을 잊을 수 없어요.

② 스무 살 때 혼자 여행을 갔어요. 그 여행을 잊을 수 없어요.

보기

유키 씨는 대학교에 들어가서 처음 **마셨던** 맥주 맛을 잊을 수 없다고 해요.

잊다

연습해 봅시다

● 보기 와 같이 말하십시오.

보기

1

2

3

보기

가: 녹차 한 **잔만** 주세요.

나: 네, 더 필요한 건 없으세요?

가: 음, 지난번에 **먹었던** 치즈케이크도 맛있었어요.
그것도 주세요.

나: 네, 금방 드리겠습니다.

복습

1 알맞은 어휘를 골라 ( ) 안에 쓰십시오.

메뉴	서비스	선택	지난번	팀장	금방

오늘 보기 (팀장)님께서 퇴근 후에 저녁을 사 주겠다고 하셨다. 저녁 ❶ ( )을/를 나에게 ❷ ( )하라고 하셔서 나는 치킨을 먹고 싶다고 했다. 팀장님은 맛도 좋고 ❸ ( )도 좋은 치킨 집을 아신다고 하셨다. ❹ ( )에 한번 가 보셨는데 주문한 음식이 ❺ ( ) 나오고 분위기도 아주 좋았다고 하셨다. 오늘 저녁이 기대가 된다.

이상	신용카드	현금	결제하다	중요하다

나는 보기 (현금을)을/를 별로 많이 가지고 다니지 않는다. 보통 ❻ ( )으로/로 결제하기 때문이다. 그런데 얼마 전에 ❼ ( )는/은/ㄴ 약속이 있어서 택시를 타고 약속 장소에 갔는데 택시 요금을 카드로 ❽ ( )을/ㄹ 수 없었다. 택시 기사가 단말기에 ❾ ( )이/가 생긴 것 같다고 했다. 그래서 근처에 있는 현금 자동 인출기에서 돈을 찾아 가지고 택시 요금을 냈다. 앞으로는 현금을 가지고 다녀야겠다.

2 대화를 만드십시오.

만	이라서/라서	-어/아/여 달라고 하다	었던/았던/였던

가: 손님, 죄송합니다만 곧 문을 닫을 보기 시간이라서 준비할 수 있는 메뉴가 많지 않습니다.
(시간)

나: 네, 갈비탕 ❶ ______________ 주세요.
(한 그릇)

가: 며칠 전에 회사 사람들과 같이 ❷ ______________ 분이지요?
(오시다)

오늘은 왜 혼자 오셨어요?

나: 어제부터 ❸ ______________ 다른 분들은 회사에 안 나오셨어요.
(휴가)

저는 오늘 급하게 해야 할 일이 있어서 회사에 나왔어요.

가: 아, 그렇군요. (잠시 후)

손님, 맛있게 드십시오. 다 드시면 ❹ ______________
(차를 준비하다)

나: 네, 감사합니다.

16과
건강

01 열이 나는 데다가 두통도 심해요

대화 어휘 감기, 기침, 두통, 열, 콧물, 나다, 붓다[1], 심하다, 푹

확장 어휘 냄새, 땀, 배탈, 변비, 사고, 상처, 소화, 피, 뜨겁다
목이 쉬다, 몸이 떨리다
긋다, 낫다[1], 낫다[2], 붓다[2], 잇다, 젓다, 짓다

문법 -는 데다가
ㅅ동사

02 우선 상처에 이 소독약이라도 바르세요

대화 어휘 건강 보험, 소독약, 약사, 치료, 치료비
다치다, 바르다

확장 어휘 감기약, 기침약, 두통약, 몸무게, 변비약, 선풍기
소화제, 이상, 점수, 토픽(TOPIK), 한약, 줄이다

문법 이라도
-지 않으면 안 되다

1. 열이 나는 데다가 두통도 심해요

MP3 / 31

- 에릭 씨가 어디가 아픈 것 같습니까?
- 여러분은 병원에 간 적이 있습니까? 왜 갔습니까?

의사: 어디가 아파서 오셨어요?
에릭: 이틀 전부터 열이 나는 데다가 두통도 심해요. 목도 아프고요.
의사: 어디 봅시다. 목이 많이 부었군요. 열도 높네요.
에릭: 기침도 많이 하고 콧물도 나요.
의사: 감기니까 약을 먹고 푹 쉬세요. 따뜻한 물도 많이 드시고요.
에릭: 네, 잘 알겠습니다. 감사합니다.

열　나다　두통　심하다　붓다[1]　기침　콧물　감기　푹

어휘

목이 쉬다

몸이 떨리다

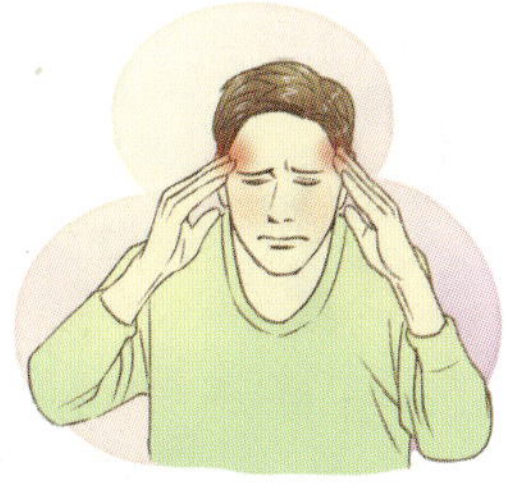

두통이 심하다

소화가 안 되다

변비가 있다

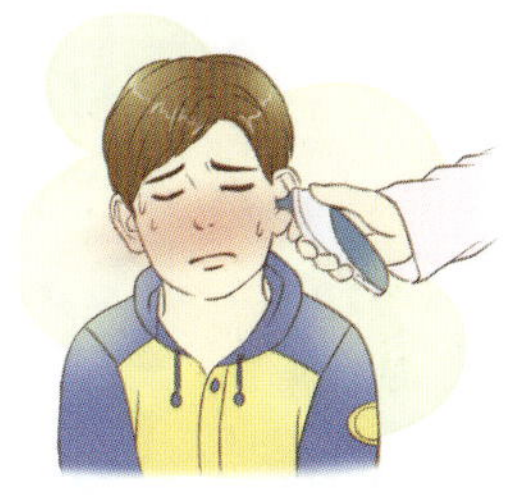

열이 나다

• 관계있는 것을 연결하고 보기 와 같이 말하십시오.

보기	목이 쉬다 •	• 음식을 많이 먹지 못했어요.
1)	두통이 심하다 •	• 목소리가 잘 나오지 않았어요.
2)	변비가 있다 •	• 며칠 동안 잠을 못 잤어요.
3)	소화가 안 되다 •	• 몸이 떨렸어요.
4)	열이 나다 •	• 화장실에 못 갔어요.

보기

저는 **목이 쉬어서** 목소리가 잘 나오지 않은 적이 있어요. 목도 아프고 말하기도 힘들었어요.

열 기침 배탈

피 땀 콧물

나다

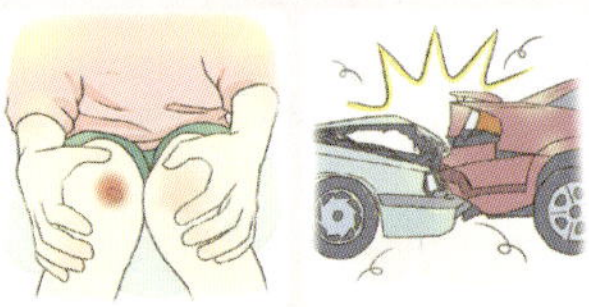

상처 사고

냄새 소리

• ( ) 안에 보기 와 같이 알맞은 어휘를 쓰십시오.

보기 운동을 열심히 해서 (땀이)~~이/가~~ 많이 나요.

1) 어제 뉴스에서 교통 ( )이/가 난 것을 봤어요.

2) 방에서 안 좋은( )이/가 나서 창문을 열었어요.

3) 아이스크림을 너무 많이 먹어서 배가 아파요. ( )이/가 난 것 같아요.

4) 오늘 아침에 일어났을 때 코에서 ( )이/가 났어요. 요즘 피곤해서 그런 것 같아요.

1 -는/은/ㄴ 데다가

- 리타오 씨는 노래를 잘하는 데다가 춤도 잘 춰요.
- 유키 씨는 똑똑한 데다가 친절해요.
- 출근 시간인데다가 사고까지 나서 길이 많이 막혀요.
- 어제 주앙 씨는 지각을 한 데다가 숙제도 안 가지고 왔습니다.

가: 날씨가 어때요?
나: 비가 오는 데다가 바람도 불어요.

가: 노라 씨 고향은 어때요?
나: 경치가 아름다운 데다가 공기도 좋아요.

- 에릭 씨가 어머니와 통화를 하고 있습니다. 보기 와 같이 말하십시오.

보기

어머니: 한국 생활은 어떠니?
에　릭: 일을 **하는 데다가** 한국말도 배우고 있어서 아주 바빠요.

문법

2 ㅅ동사

- 여기에 선을 그으세요.
- 국에 소금을 넣고 잘 저어야 해요.
- 드라마가 끝나면 이어서 광고를 합니다.
- 약을 먹고 잘 쉬면 감기가 나을 거예요.

가: 어디에다가 집을 지었으면 좋겠어요?
나: 아름다운 바닷가에 지었으면 좋겠어요.

가: 왜 눈이 부었어요?
나: 슬픈 영화를 보고 울어서 그래요.

● 보기 와 같이 말하십시오.

보기

1

2

3

4

5

낫다[1]
낫다[2]
붓다[2]
짓다
젓다
잇다
긋다

보기

유키 씨는 긴 머리보다 짧은 머리가 더 **나아요**.

연습해 봅시다

- 보기 와 같이 말하십시오.

보기

짓다

1

낫다

2

젓다

3

붓다

보기

가: 이 집이 어때요?

나: 집이 **큰 데다가** 아주 아름답네요. 저도 이런 집에서 살고 싶어요.

가: 유키 씨도 나중에 아름다운 집을 **지어서** 사세요. 저도 꼭 초대해 주시고요.

나: 네, 알겠어요.

뜨겁다

MP3 / 32

2. 우선 상처에 이 소독약이라도 바르세요

- 주앙 씨가 어디에 있습니까? 주앙 씨는 어디가 아픈 것 같습니까?
- 여러분은 약국에 간 적이 있습니까? 왜 갔습니까?

주앙: 축구를 하다가 다리를 다쳤어요. 너무 아파서 걷기가 힘들어요.

약사: 피가 많이 나네요. 우선 상처에 이 소독약이라도 바르세요.

주앙: 병원에 가야 할까요?

약사: 네, 상처가 심하기 때문에 병원에서 치료를 받지 않으면 안 됩니다.

주앙: 치료비가 비싸지 않을까요?

약사: 건강 보험에 들었으면 별로 비싸지 않을 거예요.

약사 다치다 소독약 바르다 치료 치료비 건강 보험

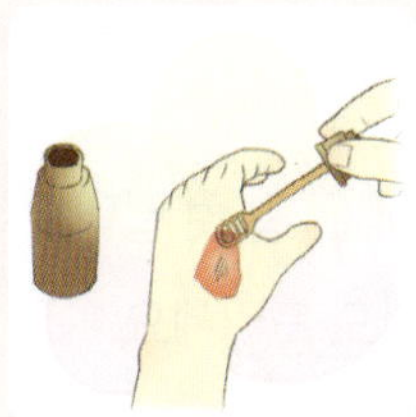

소독약

을/를 바르다

감기약

두통약

기침약

소화제

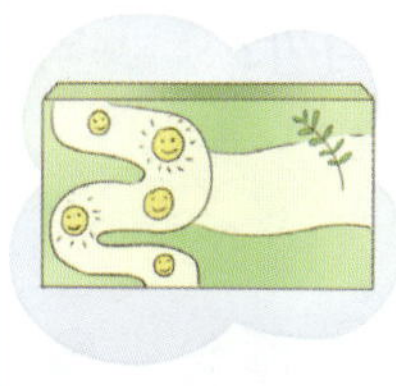

변비약

한약

을/를 먹다

• 관계있는 것을 연결하고 보기 와 같이 말하십시오.

보기	음식을 너무 급하게 먹어서 소화가 안 돼요. •	• 기침약
1)	상처에서 피가 나요. •	• 변비약
2)	기침을 많이 해요. •	• 소독약
3)	화장실에 못 간 지 오래됐어요. •	• 두통약
4)	아침부터 머리가 너무 아파요. •	• 소화제

보기

아침에 음식을 너무 급하게 먹어서 소화가 안 됐어요. 그래서 약국에 가서 **소화제**를 사 먹었어요. **소화제**를 먹고 나았어요.

문법

1 이라도/라도

- 오늘 바쁘면 내일이라도 만납시다.
- 집에 밥이 없으면 라면이라도 주세요.
- 도와줄 사람이 없으면 저라도 노라 씨를 도와드릴게요.
- 돈이 없어서 여행을 가려면 아르바이트라도 해야겠어요.

가: 할 일이 없어서 너무 심심해.
나: 그럼 이 잡지라도 볼래?

가: 명절 때 바빠서 고향에 못 갈 것 같아요.
나: 그럼 부모님께 전화라도 드리세요.

- 에릭 씨에게 어떻게 말하겠습니까? 보기 와 같이 말하십시오.

보기

선풍기

에릭: 아침에 요리할 시간이 없어요.
나 : 그럼 **샌드위치라도** 드세요.

2 -지 않으면 안 되다

- 내일까지 이 일을 끝내지 않으면 안 됩니다.
- 아이가 쓰는 물건이라서 깨끗하지 않으면 안 돼요.
- 그날은 토요일이라서 식당을 미리 예약하지 않으면 안 돼.
- 다른 나라로 여행을 가려면 여권을 만들지 않으면 안 됩니다.

가: 여기에 전화번호를 꼭 써야 하나요?
나: 네, 전화번호를 쓰지 않으면 안 됩니다.

가: 이 서류를 내일 내도 돼요?
나: 아니요, 오늘까지 내지 않으면 안 됩니다.

• 다음은 리타오 씨가 하고 싶은 것입니다. 보기 와 같이 말하십시오.

3급에 가려면 어떻게 해야 해요?

토픽(TOPIK) 시험을 보려면 어떻게 해야 해요?

보기 160시간 이상 출석해야 해요.
1) 시험을 다 봐야 해요.
2) 시험 점수를 60점 이상 받아야 해요.

3) 홈페이지에서 신청해야 해요.
4) 사진과 신분증을 준비해야 해요.
5) 결제 기간에 돈을 내야 해요.

보기

리타오: 3급에 가려면 어떻게 해야 해요?
나 : 160시간 이상 **출석하지 않으면 안 돼요**.

이상
점수
토픽(TOPIK)

연습해 봅시다

- 보기 와 같이 말하십시오.

내가 알고 싶은 것	친구의 대답	내가 못하는 이유	친구가 말해 준 방법
보기  기숙사 신청서 쓰기	신청서에 전화번호를 써야 한다.	휴대 전화가 없다.	이메일 주소를 쓴다.
 1) 시험 잘 보기	예습과 복습을 해야 한다.	아르바이트 때문에 바쁘다.	단어를 열심히 외운다.
 2) 하와이로 여행 가기	여권을 만들어야 한다.	여권을 만들러 갈 시간이 없다.	제주도에 간다.
 3) 몸무게 줄이기	운동을 해야 한다.	늦게까지 일을 해서 운동할 시간이 없다.	음식을 적게 먹는다.

보기

가: 기숙사 신청서를 쓰고 싶은데 전화번호를 꼭 써야 해요?

나: 네, 신청서에 전화번호를 **쓰지 않으면 안 돼요**.

가: 저는 휴대 전화가 없는데요.

나: 그럼 **이메일 주소라도** 쓰세요.

몸무게
줄이다

복습

1 알맞은 어휘를 골라 (　　) 안에 쓰십시오.

소독약	치료	다치다	바르다	심하다

어제는 일요일이어서 친구들과 같이 등산을 갔다. 산에서 내려오다가 보기 (다쳐서) ~~어서/아서/여서~~ 무릎에 상처가 났다. 같이 간 친구가 ❶ (　　　　　　)을/를 가지고 왔다. ❷ 친구가 그 약을 상처에 (　　　　　　)어/아/여 주었다. 상처가 ❸ (　　　　　　)지 않아서 병원에서 ❹ (　　　　　　)을/를 받지 않아도 될 것 같다.

감기	두통	열	콧물	붓다

오늘 아침부터 몸에서 보기 (열이) ~~이/가~~ 나고 ❺ (　　　　　　)도 심해서 힘들었다. 그래서 약국에 가서 약을 사 먹었지만 머리가 아프고 ❻ (　　　　　　)도 나서 힘들었다. 그래서 수업이 끝나고 병원에 갔다. 의사 선생님은 나에게 목이 많이 ❼ (　　　　　　)었다고/았다고/였다고 하셨다. 그리고 ❽ (　　　　　　)에 걸렸으니까 푹 쉬라고 하셨다.

2 대화를 만드십시오.

리타오: 집이 아주 좋네요. 그런데 이 아파트는 새 아파트예요?

레　오: 아니, 보기 지은 ~~은/ㄴ~~ 지 5년 됐어. 여기 소파에 앉아. 저녁은 먹었지?
(짓다)

리타오: 아니요, 오늘은 ❶ ______________ 는/은/ㄴ 데다가 아르바이트도 해서
(늦게까지 수업을 듣다)
아직 못 먹었어요.

레　오: ❷ ______________ 지 않으면 안 돼. 건강을 생각해.
(식사를 잘하다)
내가 지금 저녁을 만들어 줄게.

리타오: 아니에요. 점심을 늦게 먹어서 배가 고프지 않아요. 그리고 요즘 감기 때문에 ❸ ______________ 어서/아서/여서 음식을 먹기가 힘들어요.
(목이 붓다)

레　오: 그럼 ❹ ______________ 이라도/라도 마실래?
(따뜻한 차)

리타오: 네, 좋아요. 감사합니다.

17과

취미

01 영화 보는 것만큼 재미있는 게 없어요

대화 어휘 관심, 무료, 즐기다, 아무리

확장 어휘 가족 영화, 공상 과학 영화, 공포 영화
동물, 록, 만화 영화, 멜로 영화, 세계
전쟁 영화, 달리다

문법 만큼
-어도

02 이 피아노는 어머니께서 치시던 거야

대화 어휘 피아노, 낚시하다, 조깅하다, 치다

확장 어휘 기타, 당구, 동전, 드럼, 만화책
물고기, 볼링, 새, 연극, 엽서, 오토바이
팩스, 매다, 올리다, 키우다

문법 -을 줄 알다(모르다)
-던

1. 영화 보는 것만큼 재미있는 게 없어요

MP3 / 33

- 두 사람이 무슨 이야기를 합니까?
- 여러분은 무슨 영화를 좋아합니까?

노라: 윤아 씨는 취미가 뭐예요?

윤아: 저는 음악에 관심이 많아서 노래와 춤 동영상을 즐겨 봐요.
노라 씨는요?

노라: 저는 영화를 아주 좋아해요.
영화 보는 것만큼 재미있는 게 없어요.

윤아: 한국 영화도 보세요?

노라: 네, 아무리 바빠도 좋아하는 배우가 나오는 영화는 꼭 봐요.

윤아: 그래요? 그럼 무료로 영화를 볼 수 있는 곳이 있는데 같이 갈래요?

관심 즐기다 아무리 무료

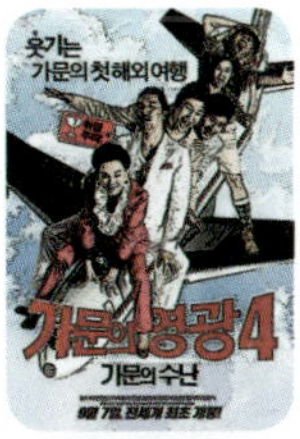

코미디 영화

멜로 영화

가족 영화

만화 영화

공포 영화

액션 영화

전쟁 영화

공상 과학 영화

• 알맞은 어휘를 골라 보기 와 같이 쓰십시오.

가족 영화	공상 과학 영화	공포 영화	만화 영화	멜로 영화

보기 가족들을 더 많이 사랑해야겠다고 생각했습니다. (가족 영화)

1) 영화가 재미있었지만 아주 무서웠습니다. (　　　　　)

2) 그림이 예쁘고 음악도 아름다워서 좋았습니다. (　　　　　)

3) 두 사람의 사랑 이야기가 아주 아름다웠습니다. (　　　　　)

4) 직접 하늘을 나는 자동차를 운전하고 싶었습니다. (　　　　　)

• 여러분이 본 영화는 어땠습니까? 보기 와 같이 말하십시오.

이야기	배우	마음/기분
재미있다	멋있다	좋다/좋아지다
재미없다	예쁘다	따뜻해지다
아름답다	귀엽다	행복하다
슬프다	목소리가 좋다	무섭다
무섭다	잘생겼다	아프다
....	....	....

보기

저는 어제 친구와 **가족 영화**를 봤습니다. 이야기가 아주 재미있고 배우들도 멋있었습니다. 영화를 보고 마음이 따뜻해졌습니다.

문법

1 만큼

- 아들이 아버지만큼 키가 컸다.
- 그 아이는 어른만큼 밥을 많이 먹는다.
- 여행한 곳 중에서 제주도만큼 아름다운 곳이 없었어요.
- 우리 반에서 유키 씨만큼 열심히 공부하는 학생은 없어요.

가: 유키 씨 고향은 겨울에 날씨가 추워요?
나: 네, 서울의 겨울만큼 추워요.

가: 우리 반에서 누가 요리를 제일 잘해요?
나: 레오 씨만큼 요리를 잘하는 사람은 없어요.

- 지도를 보고 보기 와 같이 말하십시오.

세계
달리다
동물

보기

세계에서 **러시아만큼** 큰 나라는 없어요.

2 -어도/아도/여도

- 책을 여러 번 읽어도 모르겠어요.
- 택시를 타고 가도 늦을 것 같아요.
- 아무리 바빠도 밥을 먹어야 해요.
- 유키 씨가 똑똑한 사람이어도 이 문제는 어려워할 거예요.

가: 피곤한데 숙제를 꼭 해야 돼요?
나: 네, 피곤해도 숙제는 꼭 해야 돼요.

가: 내일 눈이 오면 레오 씨가 등산을 안 갈까요?
나: 아니요, 레오 씨는 눈이 와도 등산을 갈 거예요.

• 에릭 씨는 어떻게 할까요? 보기 와 같이 말하십시오.

보기

1

2

3

4

5

보기

가: 에릭 씨가 아픈데 회사에 갈까요?
나: 에릭 씨는 **아파도** 회사에 갈 거예요.

연습해 봅시다

● 보기 와 같이 말하십시오.

	제일 좋아하는 것	친구의 생각	내가 좋아하는 이유
	등산	좀 힘들다	재미있다
	김치찌개	맵다	맛있다
	록 음악	좀 시끄럽다	들으면 기분이 좋아지다
	라면	건강에 나쁘다	맛있고 요리하기가 편하다

록

보기

가: 존 씨는 무슨 운동을 제일 좋아해요?

나: **등산만큼** 제가 좋아하는 운동은 없어요.

가: 등산은 좀 힘들지 않아요?

나: **힘들어도** 재미있어서 등산을 자주 해요.

2. 이 피아노는 어머니께서 치시던 거야

- 윤아 씨와 존 씨의 취미는 무엇입니까?
- 여러분은 시간이 있을 때 무엇을 합니까?

존 : 윤아야, 피아노를 칠 줄 아니?

윤아: 응, 어렸을 때 어머니한테서 배웠어. 이 피아노는 어머니께서 치시던 거야.

존 : 소리가 참 좋다.

윤아: 그렇지? 나는 한가할 때 피아노를 치는데 너는 보통 뭘 해?

존 : 나는 조깅을 하거나 동호회 사람들하고 낚시를 하러 가.

윤아: 그래? 나도 낚시를 해 보고 싶은데 다음에 같이 가도 될까?

피아노 치다 조깅하다 낚시하다

• (   ) 안에 보기 와 같이 알맞은 어휘를 쓰십시오.

우리 가족의 취미를 소개하겠습니다. 아버지는 여러 나라의 엽서를 보기 (모으는) ~~는/은/ㄴ~~ 것을 좋아하십니다. 우리 집에는 아버지께서 지금까지 모으신 엽서가 200장이나 있습니다. 어머니는 집에서 새를 ❶ (   )으십니다/십니다. 그래서 우리 집에 오는 사람들은 아름다운 새 소리를 들을 수 있습니다. 형은 드럼을 좋아합니다. 어렸을 때부터 드럼을 ❷ (   )었습니다/았습니다/였습니다. 제 동생은 시간이 있으면 집에서 휴대전화로 게임을 ❸ (   )거나 만화책을 ❹ (   )습니다/ㅂ니다.

• 여러분의 취미는 무엇입니까? 보기 와 같이 말하십시오.

보기

저는 **볼링 치는 것**을 좋아합니다. 시간이 있을 때 친구들과 같이 볼링장에 가서 볼링을 칩니다.

1 -을/ㄹ 줄 알다(모르다)

- 저는 한글을 읽을 줄 알아요.
- 제 친구는 일본어를 할 줄 몰라요.
- 노라 씨는 스케이트를 탈 줄 알아요.
- 윤아씨는 테니스를 칠 줄 알지만 잘 못 쳐요.

가: 노라야, 불고기를 만들 줄 알아?
나: 응, 만들 줄 알아.

가: 이 세탁기를 사용할 줄 알아요?
나: 아니요, 사용할 줄 몰라요.

- 주앙 씨가 아르바이트를 하려고 합니다. 보기 와 같이 말하십시오.

	배운 것	
보기 한국말을 하다	O	
1) 오토바이를 타다	O	
2) 떡볶이를 만들다		X

	배운 것	
3) 팩스로 서류를 보내다	O	
4) 한글 프로그램을 사용하다		X
5) 홈페이지에 사진과 동영상을 올리다	O	

보기

주인: 주앙 씨는 한국말을 **할 줄 알아요?**
주앙: 네, 한국말을 조금 **할 줄 알아요.**

오토바이
팩스
올리다

2 -던

- 동생이 먹던 빵을 제가 다 먹었어요.
- 이건 누가 마시던 커피예요?
- 이 노래는 내가 어렸을 때 자주 부르던 노래야.
- 그 식당은 대학교 때 친구들과 자주 가던 식당이에요.

가: 여기 있는 물을 제가 마셔도 돼요?
나: 그 물은 제가 마시던 물인데요.

가: 이 옷은 새로 산 거야?
나: 아니, 언니가 입던 옷인데 나한테 줬어.

- 에릭 씨는 돈을 잘 쓰지 않습니다. 알맞은 것을 골라 보기 와 같이 말하십시오.

들고 다니다	매다	신다	쓰다	입다	타다

매다

보기

에릭 씨의 자동차는 아버지께서 **타시던** 차입니다.

연습해 봅시다

• 보기 와 같이 말하십시오.

보기

1

2

3

보기

가: 자전거를 **탈 줄 알아**?

나: 응, **탈 줄 알아**.

가: 이 자전거는 네 거야?

나: 선배가 **타던** 것인데 지금은 내가 타고 있어.

복습

1 알맞은 어휘를 골라 (　　) 안에 쓰십시오.

낚시하다	조깅하다	즐기다	아무리

가: 공원에 사람들이 많네요.

나: 네, 날씨가 좋아서 주말을 보기 (즐기러) ~~으러/러~~ 나온 사람들이 많은 것 같아요.

1) 가: 노라 씨, 아주 날씬해졌네요. 요즘 운동해요?

나: 네, 매일 아침 일찍 일어나서 (　　　　　　)어요/아요/여요.

2) 가: 레오 씨는 여행을 좋아하세요?

나: 네, (　　　　　　) 시간이 없어도 일 년에 한 번은 꼭 여행을 가요.

3) 가: 주앙 씨, 어제 뭘 했어요?

나: 한강에 가서 (　　　　　　)었어요/았어요/였어요. 날씨가 좀 추웠지만 물고기를 많이 잡아서 기분이 좋았어요.

관심	무료	피아노	치다

우리 누나는 음악에 보기 (관심이) ~~이/가~~ 많다. 지금 대학교에서 ④ (　　　　)을/를 전공하고 있는데 주말마다 아이들에게 ⑤ (　　　　)으로/로 피아노를 가르쳐 준다. 형도 음악을 좋아해서 시간이 있을 때는 기타를 자주 ⑥ (　　　　)는다/ㄴ다/다.

2 대화를 만드십시오.

-던	만큼	-어도/아도/여도	-을/ㄹ 줄 알다

존　: 윤아야, 너 갈비찜을 보기 만들~~을/ㄹ~~ 줄 알아?

윤아: 응, ① ＿＿＿＿＿＿

존　: 누구한테서 배웠어?

윤아: 어머니한테서 배웠어. 갈비찜은 어머니께서 자주 ② ＿＿＿＿＿＿ 음식이야.

③ ＿＿＿＿＿＿ 갈비찜을 잘 만드는 사람은 아마 없을 거야.

존　: 갈비찜을 만들려면 시간이 오래 걸리지 않아?

윤아: ④ ＿＿＿＿＿＿ 맛있어서 나는 가끔 만들어 먹어.

존　: 그럼 나한테 갈비찜 만드는 방법을 좀 가르쳐 줄래?

윤아: 응, 그럴게.

18과

계획

01 무슨 일이든지 미리 계획을 세우는 게 좋아

대화 어휘 경험, 낮, 밤, 학원, 벌다, 쌓다, 미리

확장 어휘 겉, 바깥, 속, 아랫사람, 어른, 윗사람, 연기하다

문법 -던데요
이든지

02 졸업이 두 달밖에 안 남았네요

대화 어휘 유학, 정도, 결정하다, 출국하다, 한

확장 어휘 계획표, 고등학교, 매주, 매달, 매년, 유치원
중학교, 초등학교, 입학하다

문법 밖에
-을 줄 알았다

MP3 / 35

1. 무슨 일이든지 미리 계획을 세우는 게 좋아

- 두 사람이 무슨 이야기를 합니까?
- 여러분은 방학에 무엇을 하고 싶습니까?

주앙: 하늘아, 이번 방학 때 뭘 할 거야?

하늘: 아르바이트를 하려고 해. 경험도 쌓고 돈도 벌었으면 좋겠어.

주앙: 운전은 안 배워? 방학 때 운전을 배우는 학생들이 많던데.

하늘: 나도 벌써 운전 학원에 등록했어. 낮에는 아르바이트를 하니까 밤에 운전을 배우려고 해. 넌 방학 때 뭘 할 건데?

주앙: 글쎄, 난 아직 계획이 없는데.

하늘: 그럼 지금이라도 계획을 세워 봐.
무슨 일이든지 미리 계획을 세우는 게 좋아.

경험 쌓다 벌다 학원 낮 밤 미리

어휘

계획이 있다

계획을 세우다

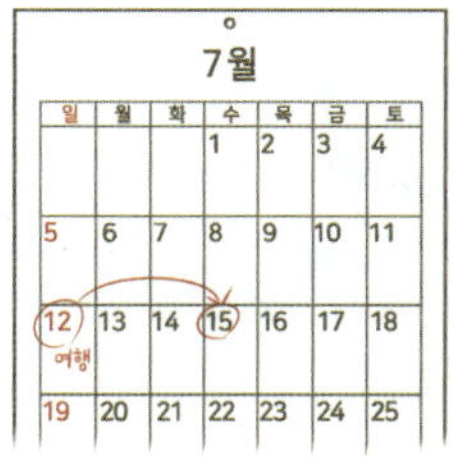

계획을 연기하다

계획을 취소하다

계획을 바꾸다

• (   ) 안에 알맞은 어휘를 쓰고 보기 와 같이 말하십시오.

보기 이번 방학에는 여행도 하고 아르바이트를 하려고 합니다. (계획이 있어요)

1) 일을 빨리 하려면 시작하기 전에 준비를 잘 해야 돼요. (   )

2) 여행을 가려고 했는데 몸이 아파서 여행을 가지 않았어요. (   )

3) 이번 주말에 등산을 가려고 했어요. 그런데 비가 와서 다음 주에 갈 거예요.
(   )

4) 동아리 모임을 식당에서 하려고 했는데 식당에 자리가 없어서 커피숍에서 했어요.
(   )

언제	계획	이유	어떻게 했어요?
방학 주말 휴가	놀이공원에 가요. 한강에 가요. 파티를 해요. 소풍을 가요. 여행을 가요. 집에서 모임을 해요.	날씨가 안 좋아요. 급한 일이 생겼어요. 회사에 일이 많아요. 몸이 아파요. 다리를 다쳤어요. 친구가 도와 달라고 해요.	계획을 취소했어요. 계획을 연기했어요. 계획을 바꿨어요.

보기

주말에 놀이공원에 갈 **계획을 세웠어요**. 그런데 몸이 아파서 **계획을 취소했어요**.

어휘

낮

밤

바깥

안

겉

속

여성

남성

아이 어른

아랫사람 윗사람

• (   ) 안에 보기 와 같이 알맞은 어휘를 쓰십시오.

보기 길에서 (윗사람을)을/를 만나면 먼저 인사를 합니다.

1) 수박의 겉은 초록색이지만 (   )은/는 빨간색이에요.

2) 놀이공원에 있는 작은 기차는 (   )만 탈 수 있어요.

3) 빌딩 안에서는 담배를 피울 수 없습니다. (   )에 나가서 피우세요.

4) 한국에서는 (   )이/가 먼저 식사를 시작하신 후에 아이들이 밥을 먹어요.

1 -던데요

- 저는 오늘 도서관에서 존 씨를 봤어요. 존 씨가 열심히 책을 읽던데요.
- 존 씨가 노래 대회에서 노래를 했어요. 아주 잘 부르던데요.
- 유명한 식당에서 저녁을 먹었어요. 그 식당 음식이 아주 맛있던데요.
- 1시에 교실에 갔어요. 수업이 벌써 끝났던데요.

가: 하늘아, 유키가 어디에 있어?
나: 조금 전에 식당에 있던데.

가: 흐엉 씨, 제주도가 어땠어요?
나: 경치가 정말 아름답던데요.

- 에릭 씨와 친구들이 이야기합니다. 보기 와 같이 말하십시오.

보기

에릭: 흐엉 씨, 지난 주말에 뭘 했어요?
흐엉: 저는 영화를 봤어요. 영화가 **재미있던데요**.

2 이든지/든지

- 저는 맵지 않으면 뭐든지 잘 먹어요.
- 시간이 있을 때 언제든지 전화하세요.
- 주말에 한가하니까 어디든지 갈 수 있어요.
- 일이 힘들면 누구에게든지 도와 달라고 하세요.

가: 흐엉 씨, 무슨 영화를 볼까요?
나: 저는 무슨 영화든지 좋아요.

가: 맥주를 더 마실 수 있어요?
나: 네, 얼마든지 더 마실 수 있어요.

- 주앙 씨와 윤아 씨가 이야기합니다. 알맞은 것을 골라 보기 와 같이 말하십시오.

어디　　언제　　무슨 음식　　뭐　　어떤 일　　얼마

맵지 않다	디자인이 예쁘다	일이 힘들지 않다
배가 고프다	학교에서 가깝다	시험이 끝나다

보기

주앙: 윤아 씨, 언제 만날까요?
윤아: 시험이 끝나면 **언제든지** 좋아요.

연습해 봅시다

• 보기 와 같이 말하십시오.

1

2

3

보기

보기

가: 하늘 씨, 지난주에 읽은 책은 어땠어요?

나: 책이 아주 **재미있던데요**.

가: 그 책을 빌려줄 수 있어요?

나: 네, **언제든지** 빌려 줄게요.

2. 졸업이 두 달밖에 안 남았네요

- 두 사람이 무슨 이야기를 합니까?
- 여러분은 미래에 무엇을 할 계획입니까?

윤아: 졸업이 두 달밖에 안 남았네요. 존 씨는 졸업하고 뭘 할 거예요?

존 : 아직 결정하지 못했어요. 윤아 씨는요?

윤아: 저는 영국에 가서 한 3년 정도 공부할 계획이에요.

존 : 유학 준비는 잘 되고 있어요?

윤아: 아니요, 준비가 빨리 끝날 줄 알았는데 시간이 많이 걸리네요.

존 : 윤아 씨, 출국하기 전에 연락해 주세요. 친구들과 송별회를 합시다.

결정하다 유학 한 정도 출국하다

계획표 매일 매주 매달 매년

• ( ) 안에 알맞은 어휘를 쓰고 보기 와 같이 쓰십시오.

여러분은 일을 하기 전에 계획을 세우세요? 계획을 세울 때는 보기 (계획표를) 을/를 만드는 것이 좋아요. 계획표가 있으면 시간을 잘 쓸 수 있습니다. 친구들이 계획을 세웠습니다. 존 씨는 ❶ (   ) 공원에서 운동을 할 겁니다. 날마다 운동을 하면 건강이 좋아지겠지요? 흐엉 씨는 ❷ (   ) 동아리 모임에 가려고 합니다. 수요일 오후에 동아리 방에 가면 흐엉 씨를 만날 수 있을 거예요. 리타오 씨는 ❸ (   ) 친구들과 같이 등산을 하려고 합니다. 한 달에 한 번 등산도 하고 친구들도 만날 거예요. 에릭 씨는 ❹ (   ) 여행을 갈 계획입니다. 여름방학 때마다 여러 나라에 가서 재미있는 경험을 하고 싶어 합니다.

보기

	계획	
매일	오전	공부하기
	오후	운동하기
매주	빨래하기, 청소하기, 부모님께 전화 드리기	
매달	동호회 모임에 가기, 등산하기	
매년	가족과 여행 가기	

	계획	
매일	오전	
	오후	
매주		
매달		
매년		

유치원 초등학교 중학교 고등학교 대학교 대학원

초등학교 중학교 고등학교 대학교 대학원	에 입학하다	
	을/를 졸업하다	

• (　　) 안에 알맞은 어휘를 쓰고 보기 와 같이 말하십시오.

저는 마이클입니다. 작년에 고향에서 보기 (고등학교를)을/를 ❶ (　　　　)고 한국에 왔습니다. 한국말을 배운 후에는 한국 대학교에 ❷ (　　　　)어서/아서/여서 역사학을 전공하고 싶습니다. 그리고 ❸ (　　　　)에 가서 역사를 더 공부하고 싶습니다. 공부가 끝나고 제가 다녔던 중학교나 ❹ (　　　　)에서 학생들에게 역사를 가르치고 싶습니다.

보기

저는 **고등학교**를 졸업하고 한국에 왔습니다. 한국말을 공부한 후에 한국 대학교에 **입학해서** 경제학을 공부하겠습니다. 대학교를 **졸업하고** 한국에서 일하고 싶습니다.

1 밖에

- 집에서 학교까지 걸어서 십 분밖에 걸리지 않아요.
- 식당에 손님이 두 명밖에 없어요.
- 흐엉 씨의 전화번호는 에릭 씨밖에 몰라요.
- 저는 그 사람하고 한 번밖에 안 만났어요.

가: 존 씨, 어제 친구를 오래 기다렸어요?
나: 아니요, 오 분밖에 안 기다렸어요.

가: 유키 씨, 백화점에서 옷을 많이 샀어요?
나: 아니요, 한 벌밖에 안 샀어요.

- 리타오 씨의 생활입니다. 보기 와 같이 말하십시오.

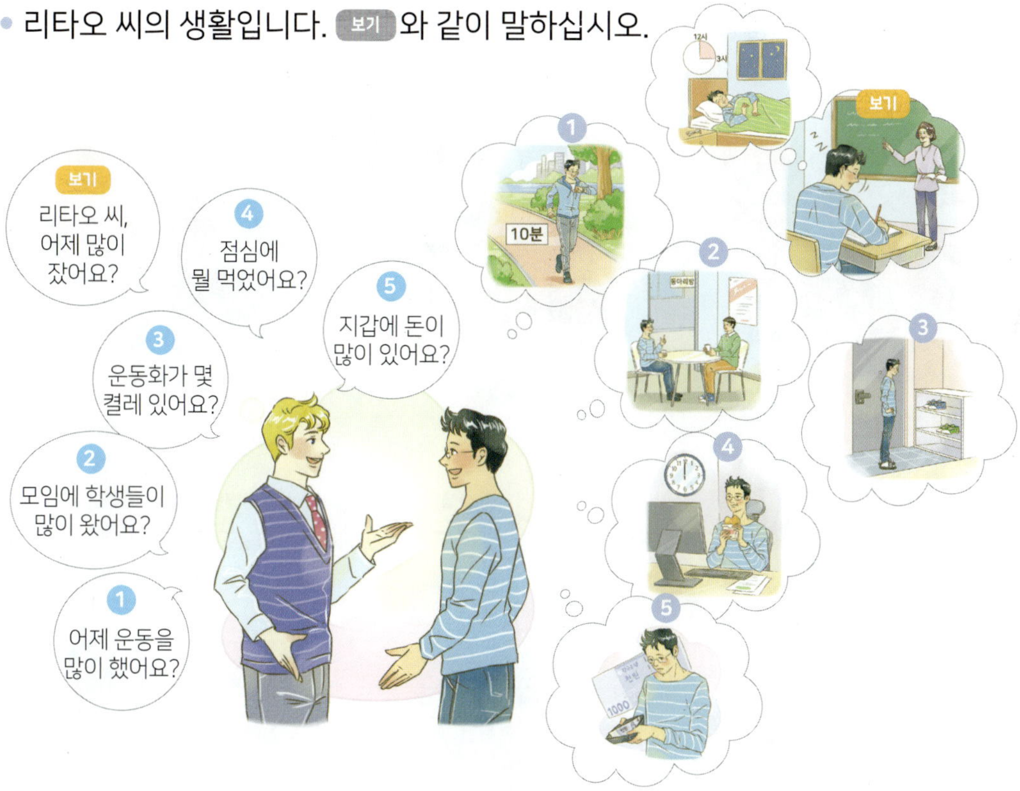

보기

친 구: 리타오 씨, 어제 많이 잤어요?
리타오: 아니요, 저는 **세 시간밖에** 못 잤어요.

2 -을/ㄹ 줄 알았다

- 저는 이번 시험이 어렵지 않을 줄 알았어요.
- 오늘이 유키 씨의 생일인 줄 알았어요.
- 언제나 손님이 많아서 그 식당의 음식이 맛있는 줄 알았어요.
- 일이 일찍 끝날 줄 알고 친구와 약속을 했어요.

가: 흐엉 씨, 한국 생활이 어때요?
나: 아주 재미있어요.
저는 한국 생활이 힘들 줄 알았어요.

가: 하늘 씨, 아르바이트하기가 어때요?
나: 일이 쉬울 줄 알았어요.
그런데 생각보다 힘들어요.

- 친구들의 생각입니다. 보기 와 같이 말하십시오.

보기

1

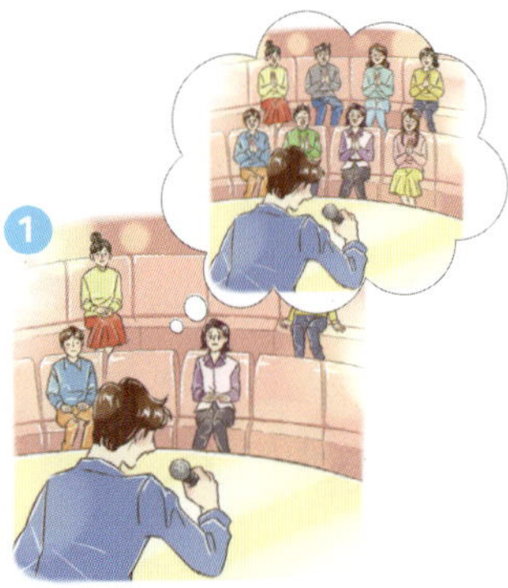

2

3

4

5

보기

친구: 어제 본 영화가 어땠어요?

에릭: 저는 영화가 **재미있을 줄 알았어요**. 그런데 생각보다 재미없었어요.

연습해 봅시다

• 보기 와 같이 말하십시오.

보기

1

2

3

보기

가: 학교까지 얼마나 걸렸어요?

나: 걸어서 **십 분밖에** 안 걸렸어요.

가: 걷기가 힘들었어요?

나: 아니요, 걷기가 **힘들 줄 알았는데** 별로 힘들지 않았어요.

복습

1 알맞은 어휘를 골라 (　　)안에 쓰십시오.

경험　학원　결정하다　벌다　쌓다　출국하다　미리　한

보기

가: 내일 수업 시간에 발표를 해야 하는데 아직 준비를 다 못했어요. 어떻게 하지요?

나: 선생님께서 (미리) 준비하라고 하셨지요?

1) 가: 어디에서 영어를 공부해요?

나: 학교 근처에 있는 (　　　　　)에 다녀요. 날마다 두 시간쯤 공부해요.

2) 가: 노래 대회에서 무슨 노래를 할 거예요?

나: 친구들과 이야기를 했는데 아직 (　　　　　)지 못했어요.

3) 가: 돈을 (　　　　　)어서/아서/여서 뭘 하고 싶어요?

나: 외국에 여행을 가고 싶어요.

4) 가: 서울에 오래 있을 거예요?

나: 아니요, (　　　　　) 3일 정도 있을 거예요.

5) 가: 회사에서 일하기가 힘들지요?

나: 처음이라서 좀 힘들어요. 하지만 (　　　　　)이/가 많은 선배들이 도와주셔서 괜찮아요.

6) 가: 미국으로 출장을 가게 됐어요.

나: 그래요? 언제 (　　　　　)으세요/세요?

7) 가: 지금 다니는 회사를 그만두고 싶어요.

나: 그 회사에서 더 경험을 (　　　　　)은/ㄴ 후에 다른 일을 하는 게 어때요?

2 대화를 만드십시오.

밖에	이든지/든지	-을/ㄹ 줄 알았어요	-던데요

친　구: 오늘 오후에 슈퍼마켓에 가야겠어요. 어디로 갈까요?

리타오: 보기 연세 슈퍼에 싸고 좋은 물건이 많던데요.
(연세 슈퍼에 싸고 좋은 물건이 많다)

친　구: 그럼, 거기에 갑시다. 가기 전에 먼저 쇼핑 계획을 세워야겠어요.
리타오 씨, 냉장고에 생수가 몇 병 있어요?

리타오: ❶ ________________ 생수를 사야겠어요.
(두 병이 있다)

친　구: 그럼 생수를 삽시다. 그런데 저녁에 무엇을 해 먹을까요?

리타오: 저는 ❷ ________________
(음식은 다 좋다)

친　구: 그럼 불고기를 만들어 먹읍시다. 소고기하고 채소를 사야겠네요.

리타오: 그런데 저는 요리를 잘 못 해요.

친　구: 그래요? 저는 리타오씨가 ❸ ________________
(요리를 잘하다)

리타오: 노라 씨에게 같이 저녁을 만들어 먹자고 할까요?
지난번에 친구 집들이를 할 때 노라 씨가 ❹ ________________
(불고기를 잘 만들다)

친　구: 좋아요. 제가 노라 씨에게 전화해 볼게요.

19과
여행

01 **며칠이나 계셨어요?**

대화 어휘 시설, 풍경, 숙박하다, 그렇게, -박 -일

확장 어휘 객실, 교통편, 기념품, 렌터카, 리포터
여행자 보험, 여행지, 예절, 왕복, 일정
전망, 팬, 편도, 항공권

문법 이나[3]
-은 뒤에

02 **해외여행을 가기로 했는데 어디로 가면 좋을까?**

대화 어휘 볼거리, 옛날, 유물, 해외여행, 신기하다

확장 어휘 가족 여행, 국내 여행, 단체 관광, 배낭여행
수학여행, 자유 여행

문법 -기로 하다
-자마자

MP3 / 37

1. 며칠이나 계셨어요?

- 올리비아 씨는 어디에 가고 싶어 합니까?
- 여러분은 여행을 가서 어디에서 잤습니까? 그곳은 어떻게 찾았습니까?

올리비아: 지난 여름에 부산에 다녀오셨지요? 며칠이나 계셨어요?

레　　오: 2박 3일 있었어요.

올리비아: 그때 숙박하셨던 호텔은 어땠어요?

레　　오: 해변 가까이에 있었는데 숙박 요금도 비싸지 않고 시설도 깨끗했어요. 주변 풍경도 아름답고요.

올리비아: 그렇게 좋은 곳을 어떻게 찾으셨어요?

레　　오: 인터넷에서 검색한 뒤에 가장 마음에 드는 곳을 예약했어요.

-박 -일　숙박하다　시설　풍경　그렇게

어휘

<table>
<tr><td></td><td></td></tr>
<tr><td>여행지</td><td>일정</td></tr>
</table>

<table>
<tr><td>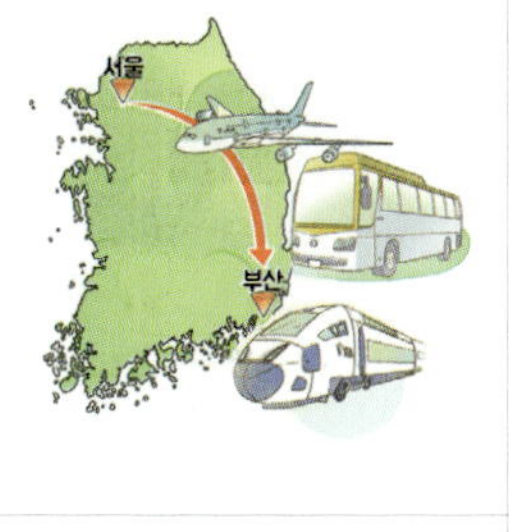</td><td></td><td></td></tr>
<tr><td rowspan="2">교통편</td><td>편도</td><td>왕복</td></tr>
<tr><td colspan="2">항공권</td></tr>
</table>

<table>
<tr><td></td><td></td><td></td></tr>
<tr><td rowspan="2">객실</td><td>산 전망</td><td>바다 전망</td></tr>
<tr><td colspan="2">전망</td></tr>
</table>

<table>
<tr><td></td><td>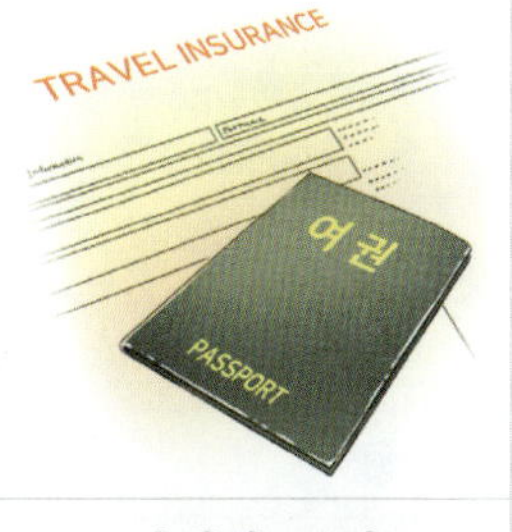</td><td></td></tr>
<tr><td>렌터카</td><td>여행자 보험</td><td>기념품</td></tr>
</table>

• (　　　) 안에 보기 와 같이 알맞은 어휘를 쓰십시오.

보기 (여행지)	부산
여행 기간	2박 3일
여행 1) (　　　)	바닷가에서 산책하고 수영을 해요. → 유명한 곳을 구경하고 맛있는 음식을 먹어요. →시장에서 쇼핑해요.
2) (　　　)	비행기 ☑　기차 □　배 □
3) (　　　)	편도 □　왕복 ☑
숙박 시설	호텔 ☑　콘도 □　민박 □　게스트하우스 □
객실	2인 1실
전망	산 전망 □　바다 전망 ☑
렌터카	O ☑　X □
여행자 보험	O ☑　X □
4) (　　　)	바다 사진이 있는 엽서를 사고 싶어요.

• 위 표를 보고 쓰십시오.

저는 부산으로 여행을 가고 싶어요. 2박 3일 일정으로 친구와 같이 가고 싶어요.

1 이나/나[3]

- 모임에 사람들이 몇 명이나 왔어?
- 하루에 커피를 몇 잔이나 드세요?
- 고향에 며칠이나 있다가 올 거야?
- 서울에서 부산까지 비행기로 얼마나 걸려요?

가: 어제 몇 시간이나 공부했니?
나: 다섯 시간 공부했어.

가: 한국에 오신 지 얼마나 되셨어요?
나: 3년쯤 됐어요.

- 팬들이 가수 리아 씨에게 물어보고 싶은 것이 많습니다. 보기와 같이 말하십시오.

보기

리포터: 하루에 노래 연습을 **몇 시간이나** 하세요?
리　아: 여섯 시간 해요.

팬
리포터

2 -은/ㄴ 뒤에

- 저는 술을 끊은 뒤에 건강해졌어요.
- 친구하고 같이 밥을 먹은 뒤에 영화를 봤어.
- 발표가 끝난 뒤에 질문해 주세요.
- 사흘 뒤에 다시 만납시다.

가: 대학교를 졸업한 뒤에 뭘 할 거예요?
나: 유학을 갈 거예요.

가: 오늘 날씨가 어떻다고 해요?
나: 비가 온 뒤에 추워질 거라고 해요.

- 예절 학교와 안전 학교에 다녀왔습니다. 보기 와 같이 말하십시오.

예절

보기

집 안에 들어갈 때는 신발을 **벗은 뒤에** 들어가야 해요.

연습해 봅시다

• 보기 와 같이 말하십시오.

보기

1

2

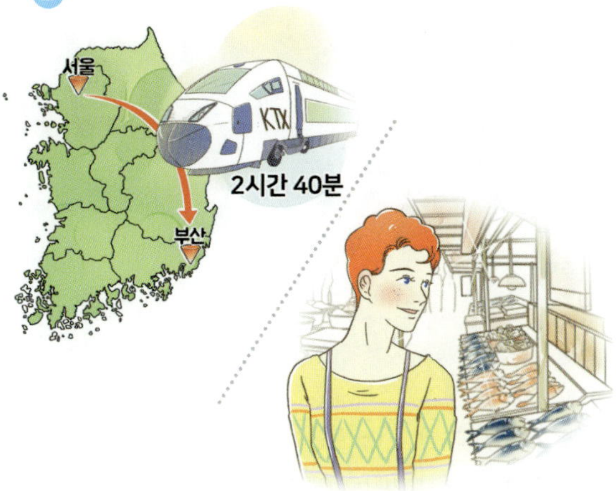

3

보기

가: 지난 주말에 백화점에 갔지? 옷을 **몇 벌이나** 샀어?

나: 티셔츠 2벌을 샀어.

가: 옷을 **산 뒤에** 뭘 했어?

나: 백화점 식당에서 저녁을 먹었어.

MP3 / 38

2. 해외여행을 가기로 했는데 어디로 가면 좋을까?

- 하늘 씨가 어디로 여행을 갈 것 같습니까?
- 여러분은 여행했던 곳 중에서 어디가 제일 좋았습니까?

하늘: 이번 방학 때 가족들과 해외여행을 가기로 했는데 어디로 가면 좋을까?

존 : 프랑스 파리는 어때? 볼거리가 많은 데다가 음식도 맛있어.

하늘: 파리에는 유명한 박물관이 있지?

존 : 응, 나도 작년에 다녀왔는데 오래된 유물이 아주 많던데.
처음 보는 옛날 물건이 많아서 정말 신기했어.

하늘: 나도 가 보고 싶다. 오늘 집에 가자마자 비행기표부터 예매해야겠어.

존 : 그래, 휴가철이라서 여행 가는 사람들이 많을 거야. 빨리 알아봐.

해외여행 볼거리 유물 옛날 신기하다

어휘

세계 여행

해외여행

국내 여행

단체 관광

자유 여행

배낭여행

수학여행

신혼여행

가족 여행

• 관계있는 것을 연결하십시오.

보기 국내 여행 •	• 여러 사람들과 같이 다니면서 여행을 해요.
1) 단체 관광 •	• 선생님과 학생들이 같이 가는 여행이에요.
2) 자유 여행 •	• 직접 비행기 표와 호텔을 예약해요. 그리고 갈 곳도 내가 결정해서 여행을 해요.
3) 배낭여행 •	• 외국에 나가지 않고 우리나라에서 여행을 해요.
4) 수학여행 •	• 배낭에 꼭 필요한 것만 넣어 가지고 여행을 다녀요.

• 어디로 여행을 가고 싶습니까? 보기 와 같이 쓰고 말하십시오.

여행지	여행 종류
보기 시드니	배낭여행

보기

저는 시드니로 **배낭여행**을 가고 싶어요. 시드니는 호주의 유명한 관광지인데 경치가 아름답고 볼거리가 많아서 꼭 가 보고 싶어요.

1 -기로 하다

- 수업이 끝나고 친구와 같이 점심을 먹기로 했어.
- 바쁘면 다음에 만나기로 하자.
- 저는 내일부터 일찍 일어나기로 했어요.
- 비가 오면 등산을 가지 않기로 했어요.

가: 집들이를 언제 하기로 했어요?
나: 다음 주 토요일 저녁에 하기로 했어요.

가: 오늘 오후에 뭘 할 거예요?
나: 친구와 명동에 가기로 했어요.

- 동아리에서 송별회를 준비하고 있습니다. 보기 와 같이 말하십시오.

<결정한 것>

보기 **송별회 장소:** 학교 근처 한식집
1. **날짜와 시간:** 2월 25일 금요일 저녁 7시
2. **회비:** 20,000원
3. **송별회에서 할 것:**
   식사하기 → 사진과 동영상 같이 보기
4. **선물:** 케이크
5. **연락 방법:** 문자 메시지

보기

가: 송별회는 어디에서 **하기로 했어?**
나: 학교 근처 한식집에서 **하기로 했어**.

2 -자마자

- 부산에 도착하자마자 부모님께 전화를 드리세요.
- 배가 고파서 수업이 끝나자마자 점심을 먹으러 갈 거예요.
- 엄마를 보자마자 아기가 웃어요.
- 우리가 밖에 나가자마자 비가 오기 시작했어요.

가: 이번 방학에 뭘 할 거야?
나: 방학하자마자 여행을 갈 거야.

가: 왜 버스를 타지 않고 걸어서 왔어요?
나: 버스가 출발하자마자 사고가 났어요.

- 에릭 씨는 아주 바쁘게 삽니다. 그림을 보고 보기 와 같이 말하십시오.

보기

1

2

3

4

5

보기

에릭 씨는 아침에 **일어나자마자** 물을 마십니다.

연습해 봅시다

• 보기 와 같이 말하십시오.

보기

1

2

보기

가: 오늘 수업이 끝나고 뭘 할 거예요?

나: 수업이 **끝나자마자** 명동에 갈 거예요.

가: 왜 명동에 가요?

나: 친구와 명동에서 쇼핑을 **하기로 했어요**.

복습

1 알맞은 어휘를 골라 (   ) 안에 쓰십시오.

옛날	유물	해외여행	그렇게	-박-일

작년에 친구와 런던으로 여행을 갔어요. 처음 가는 보기 (해외여행이라서)~~이라서/라서~~ 기대가 많이 됐어요. ① 5(   ) 6(   ) 동안 여행을 했는데 아주 즐거웠어요. 특히 유명한 박물관에 간 것이 제일 좋았는데 ② (   ) 큰 박물관에는 처음 가 봤어요. ③ (   ) 사람들이 사용했던 ④ (   )을/를 구경했는데 아주 재미있었어요.

볼거리	시설	풍경	숙박하다	신기하다

지난 방학 때 친구들과 제주도로 여행을 갔어요. 제주도에서 맛있는 음식도 먹고 재미있는 구경도 많이 했어요. 제가 보기 (숙박했던)~~었던/았던/였던~~ 호텔은 해변에 있었어요. 주변에 바다도 있고 나무도 많아서 ⑤ (   )이/가 아주 아름다웠어요. ⑥ (   )도 깨끗하고 편리했어요. 제주도에서 자동차 박물관에도 갔는데 처음 보는 자동차들이 많아서 ⑦ (   )었어요/았어요/였어요. 이번 제주도 여행은 ⑧ (   )이/가 많아서 아주 좋았어요.

2 대화를 만드십시오.

흐엉: 방학 때 고향 집에 다녀왔어요.

유키: 그래요? 고향에 보기 얼마나~~이나/나~~ 계셨어요?

흐엉: 일주일 동안 있었어요.

유키: 고향집에 가서 뭘 하셨어요?

흐엉: ① ____________자마자 너무 피곤해서 잤어요.
그리고 다음 날 아침에 ② ____________은/ㄴ 뒤에 가족들과 쇼핑을 했어요.

유키: 가족들과 즐거운 시간을 보내서 좋았겠어요.

흐엉: 네, 다음에 고향에 가면 ③ ____________기로 했어요. 같이 여행을 가면 재미있을 것 같아요. 유키 씨는 어떻게 지내셨어요?

유키: 저도 잘 지냈어요. 지난주에는 친구들을 집에 초대해서 같이 놀았어요.

흐엉: 친구들이 ④ ____________이나/나 왔어요?

유키: 다섯 명이요. 같이 음식도 만들어 먹고 게임도 했어요.

흐엉: 재미있었겠어요. 다음에는 저도 초대해 주세요.

20과

날씨와 생활

01 비가 많이 온다고 하니까 다음에 가자

대화 어휘 기온, 강하다, 내리다, 계속, 그냥

확장 어휘 남이섬, 미세 먼지, 습관, 안개, 열쇠고리, 영상
영하, 최고, 최저, 춘천, 태풍, 강하다, 개다
그치다, 끼다, 습하다

문법 -는다고 하니까
-지 말고

02 그래서 사람들이 옷을 얇게 입었군요

대화 어휘 종일, 햇빛, 오르다, 그러면

확장 어휘 마스크, 비옷, 선크림, 실내, 장화, 집안일, 환기
걸레질하다, 다림질하다, 설거지하다, 쓸다, 졸리다
그래도, 그러나, 왜냐하면, 하지만

문법 접속사
-을 테니까

MP3 / 39

1. 비가 많이 온다고 하니까 다음에 가자

- 그림에서 주말 날씨가 어떨 것 같습니까?
- 여러분은 날씨를 알고 싶을 때 어떻게 합니까?

노라: 이번 토요일에 비가 많이 온다고 하니까 여행은 다음에 가자.

윤아: 일요일까지 비가 계속 내릴 거라고 해?

노라: 응, 일기예보를 봤는데 바람도 강하게 불고 기온도 내려갈 거라고 해.

윤아: 여행은 가기가 어렵겠다. 그럼 주말에 뭘 할까?

노라: 음, 밖에 나가지 말고 그냥 집에서 영화를 보는 건 어때?

윤아: 좋아. 그리고 음식은 만들지 말고 시켜서 먹자.

계속 내리다 강하다 기온 그냥

어휘

비

눈

이/가 내리다

비

눈

이/가 그치다

구름

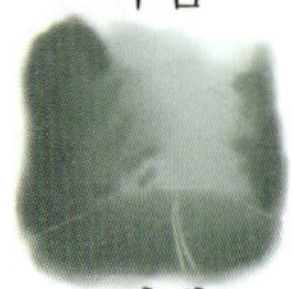
안개

이/가 끼다

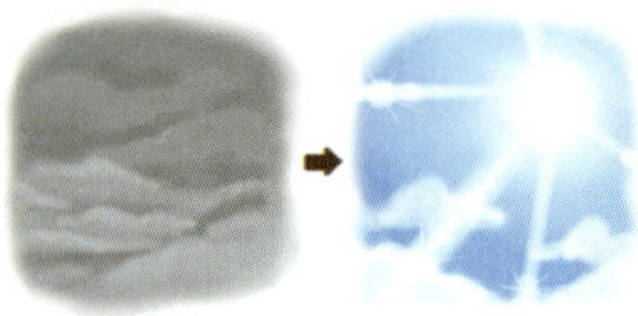
개다

바람이 강하다

바람이 약하다

태풍이 오다

습하다

미세 먼지가 심하다

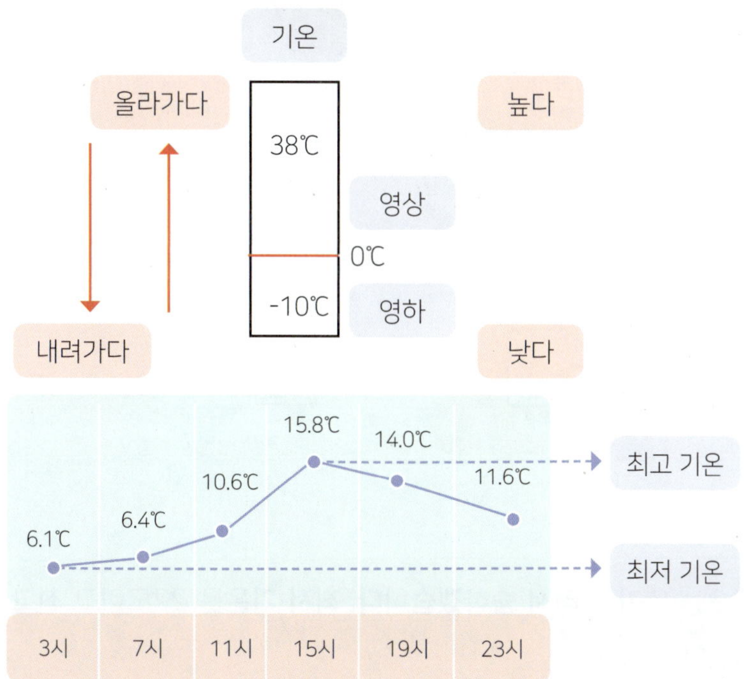

- 한국의 날씨입니다. 그림을 보고 보기 와 같이 말하십시오.

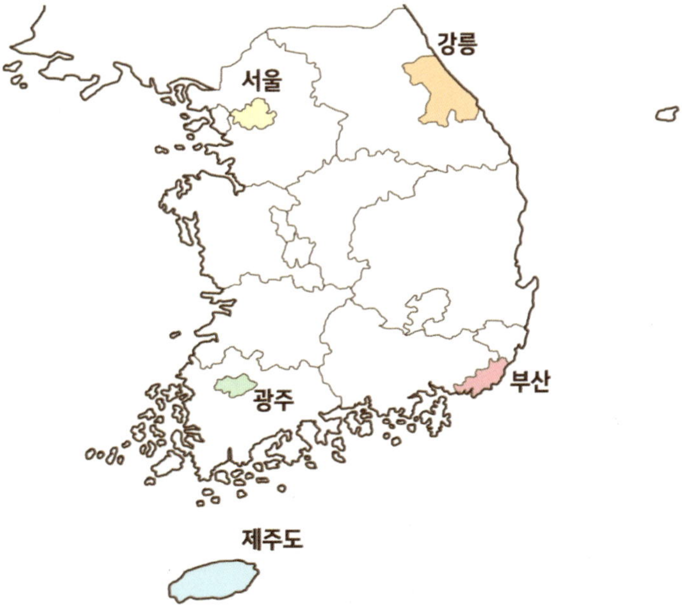

보기

서울은 오늘 비가 **내려서 습하겠습니다**. **최저 기온**은 22도이고 **최고 기온**은 30도입니다.

1 -는다고/ㄴ다고/다고 하니까

- 리타오 씨가 다음 주에 고향에 돌아간다고 하니까 송별회를 합시다.
- 평일에는 모두 바쁘다고 하니까 주말에 만나는 것이 좋겠어.
- 내일이 유키 씨 생일이라고 하니까 오늘 선물을 준비해야겠어요.
- 오늘은 도서관 문을 닫았다고 하니까 내일 갈까?

가: 책을 사고 싶어요.
나: 학교 근처에 큰 서점이 있다고 하니까 거기에 가 보세요.

가: 오늘 흐엉 씨하고 같이 저녁을 먹을까요? 삼겹살이 어때요?
나: 흐엉 씨는 고기를 안 먹는다고 하니까 다른 걸 먹읍시다.

- 존 씨와 주앙 씨가 같이 여행을 하려고 합니다. 보기 와 같이 말하십시오.

보기

주앙: 어디로 여행을 갈까?
존 : 춘천에 볼거리가 **많다고 하니까** 춘천으로 가자.

춘천
남이섬
열쇠고리

2 -지 말고

- 길이 많이 막히니까 버스를 타지 말고 지하철을 탑시다.
- 술을 많이 마시지 말고 하루에 30분 운동을 하십시오.
- 이 음식은 만든 지 오래됐으니까 먹지 말고 버리자.
- 에릭 씨는 회의 중이니까 전화하지 말고 문자 메시지를 보내세요.

가: 목이 부어서 아파요.
나: 말을 많이 하지 말고 따뜻한 물을 자주 드세요.

가: 결혼식에 입고 갈 정장이 없어서 사야 할 것 같아요.
나: 잠깐 입을 건데 사지 말고 빌리세요.

- 우진 씨는 나쁜 습관이 있습니다. 알맞은 것을 골라 보기 와 같이 말하십시오.

저금하다	밥을 먹다	일찍 자다
운동을 하다	채소를 먹다	건강에 좋은 차를 마시다

보기

우진: 저는 라면을 자주 끓여 먹어요.
나 : 라면을 **드시지 말고** 밥을 드세요.

습관

연습해 봅시다

- 보기 와 같이 말하십시오.

내가 하고 싶은 것	친구가 들은 이야기	친구가 나에게 해 주고 싶은 말
보기 치마를 사러 백화점에 가고 싶다.	시장에 싸고 좋은 옷이 많다.	시장에서 사.
1) 오늘 점심에 노라와 닭갈비를 먹고 싶다.	노라는 매운 음식을 못 먹는다.	맵지 않은 음식을 먹어.
2) 인기 있는 한국 가수의 콘서트에 가고 싶다.	주말에는 사람이 많다.	평일에 가.
3) 유키와 노래방에 가고 싶다.	유키는 오늘 바쁘다.	다음에 같이 가.

보기

가: 치마를 사러 백화점에 가고 싶어.

나: 시장에 싸고 좋은 옷이 **많다고 하니까** 백화점에서 **사지 말고** 시장에서 사.

가: 그래, 알았어.

MP3 / 40

2. 그래서 사람들이 옷을 얇게 입었군요

- 그림 속의 날씨가 어떻습니까?
- 여러분은 날씨가 좋으면 무엇을 하고 싶습니까?

보기

유키: 오늘 날씨가 참 좋네요. 어제 비가 와서 공기가 깨끗한 것 같아요.
에릭: 일기예보에서 하루 종일 날씨가 맑고 따뜻할 거라고 했어요.
유키: 그래서 사람들이 옷을 얇게 입었군요.
에릭: 이렇게 날씨가 좋은데 오늘 수업이 끝나고 남산 공원에 갈래요?
유키: 그래요, 남산에 오르면 서울 시내가 다 보인다고 하던데요.
에릭: 그러면 수업이 끝나자마자 바로 출발해요.
햇빛이 강할 테니까 모자와 선글라스를 가지고 갑시다.

종일　오르다　그러면　햇빛

환기를 하다

선크림을 바르다

비옷을 입다

장화를 신다

실내에서 운동을 하다

외출할 때
마스크를 쓰다

- 다음과 같은 날씨에 무엇을 합니까? 보기 와 같이 쓰고 말하십시오.

보기 미세 먼지가 심해요.	비가 와요.
외출할 때는 보기 마스크를 써요. 운동은 ① ______________________.	② ______________________. ③ ______________________.
햇빛이 강해요.	**날씨가 좋아요.**
모자를 써요. ④ ______________________.	청소를 해요. ⑤ ______________________.

보기

미세 먼지가 많은 날에는 창문을 닫고 **외출**을 할 때는 **마스크**를 꼭 써요.
그리고 운동은 **실내**에서 해요.

어휘

다림질하다

정리하다

걸레질하다

유키씨가
집안일을 합니다.

쓸다

설거지하다

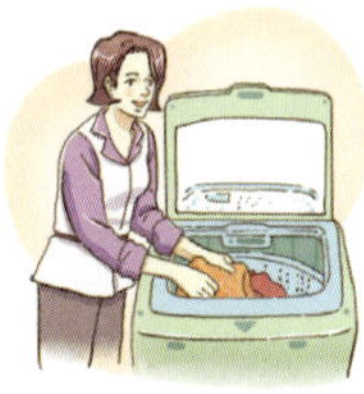
빨래하다

• 하늘 씨 가족들이 무엇을 하고 있습니까? 그림을 보고 쓰십시오.

보기 하늘	걸레질을 해요.
1) 누나	
2) 아버지	
3) 어머니	
4) 여동생	

1 접속사

- 열이 많이 납니다. 그리고 기침도 심합니다.
- 다음 주에 동창회를 할 거예요. 그러니까 꼭 오세요.
- 비빔냉면을 다 못 먹었다. 왜냐하면 너무 매웠기 때문이다.
- 친구와 콘서트를 보러 갔다. 그러나 남은 표가 없어서 그냥 집으로 돌아와야 했다.

가: 여행을 가고 싶지요?
나: 네, 그렇지만 시간이 없어요.

가: 너무 피곤해서 그냥 자고 싶어요.
나: 그래도 씻고 주무세요.

- 알맞은 어휘를 골라 보기 와 같이 말하십시오.

그래도	그래서	그러나	그러니까	왜냐하면	하지만

보기
이 시계가 정말 예쁘네요.
( ) 너무 비싸서 다른 시계를 사야 할 것 같아요.

1
감기약을 먹으면 졸려서 먹고 싶지 않아요.
( ) 빨리 나으려면 약을 먹어야 해요.

2
어제 휴대 전화가 고장 나서 메시지를 확인 못했어요.
그래요? ( ) 답장을 안 했군요.

3
이번 시험이 아주 중요해요.
( ) 열심히 공부하세요.

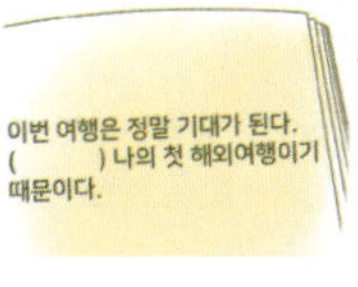

4
이번 여행은 정말 기대가 된다. ( ) 나의 첫 해외여행이기 때문이다.

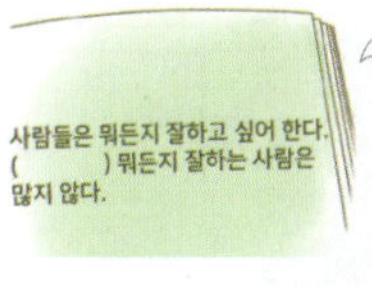

5
사람들은 뭐든지 잘하고 싶어 한다. ( ) 뭐든지 잘하는 사람은 많지 않다.

보기

흐엉: 이 시계가 정말 예쁘네요.
윤아: **하지만** 너무 비싸서 다른 시계를 사야 할 것 같아요.

그래도
그러나
왜냐하면
하지만
졸리다

2 -을/ㄹ 테니까

- 호텔은 제가 예약할 테니까 유키 씨는 렌터카를 예약해 주세요.
- 제가 김밥을 만들어 올 테니까 흐엉 씨는 음료수를 준비해 주세요.
- 주말에는 극장에 사람이 많을 테니까 평일에 가세요.
- 지금 가면 차가 밀릴 테니까 지하철로 갑시다.

가: 잠깐만 기다려 주시겠어요?
나: 네, 커피를 마시면서 기다릴 테니까 천천히 오세요.

가: 지금 밤 11시인데 노라 씨에게 전화해도 될까요?
나: 지금은 노라 씨가 자고 있을 테니까 내일 전화하세요.

- 에릭 씨가 여자 친구와 데이트를 하려고 합니다. 보기 와 같이 말하십시오.

보기

에릭: 여자 친구와 어디에서 데이트하면 좋을까요?
우진: 한강 공원이 데이트하기가 **좋을 테니까** 한강 공원에 가세요.

연습해 봅시다

• 알맞은 어휘를 한 번씩 사용하여 보기 와 같이 말하십시오.

보기

1

2

3

그래서	그러면	그런데	하지만

보기

가: 잡채를 만들어 보고 싶어요. **하지만** 만드는 방법을 몰라요.

나: 제가 만드는 방법을 가르쳐 **드릴 테니까** 만들어 보세요.

가: 네, 그럴게요. 고마워요.

복습

1 알맞은 어휘를 골라 (　　) 안에 쓰십시오.

기온　　계속　　종일　　강하다

요즘 날씨가 보기 (계속) 춥다. 오늘은 더 추워져서 최저 ❶ (　　)이/가 영하 10도라고 한다. 바람도 ❷ (　　　　)게 불 거라고 한다. 오늘은 일요일이니까 밖에 나가지 말고 하루 ❸ (　　　　) 집에만 있어야겠다.

햇빛　　내리다　　오르다　　그냥

오늘 아침에 눈이 많이 보기 (내렸다)었다/았다/였다. 택시를 타고 갈까 하다가 ❹ (　　　　) 지하철을 타고 회사에 갔다. 내일은 날씨도 맑고 기온도 올라갈 거라고 한다. 그래서 집 근처에 있는 산을 ❺ (　　　　　　)으려고/려고 한다. 겨울이어도 낮에는 ❻ (　　　　)이/가 강할 수 있으니까 모자를 쓰고 가야겠다.

2 대화를 만드십시오.

그런데　　그리고　　-는다고/다고 하니까　　-을/ㄹ 테니까　　-지 말고

주앙: 우리 내일 축구 경기를 보러 가기로 했죠?

에릭: 네, 보기 그런데 회사 일이 좀 늦게 끝날 것 같아요.

주앙: 그래요? 그럼 저는 ❶ ________________ 에릭 씨는 천천히 오세요.
(먼저 가다)

에릭: 알겠어요. 그런데 가는 길이 많이 막힐까요?

주앙: 네, 퇴근 시간인 데다가 중요한 경기가 있는 날이니까 차가 더 밀릴 거예요.
그러니까 ❷ ________________ 지하철을 타세요.
(버스를 타다)

에릭: 알겠어요. 아, ❸ ________ 존 씨도 ❹ ________________ 같이 가자고 말해 볼까요?
(축구를 좋아하다)

주앙: 네, 좋아요.

부록

연습 문제
모범 답안(교재)
연습 문제 답안
색인(어휘·문법)

연습 문제

<1> 405번 버스로 갈아타세요

어휘

1. 알맞은 어휘를 골라 (　　) 안에 쓰십시오.

노선도　　반대　　이태원역　　쪽　　홍대

1) 실례지만 이 버스가 명동 (　　　　　　)으로/로 갑니까?
2) 버스 정류장에 있는 (　　　　　　)을/를 보면 버스가 어디로 가는지 알 수 있어요.
3) 저는 친구를 만나러 (　　　　　　) 근처에 자주 가요. 제 친구는 그 대학교에서 디자인을 전공해요.
4) 손님, 이 버스는 코엑스(COEX)에 가지 않습니다. 횡단보도를 건너서 (　　　　　　)으로/로 가는 걸 타십시오.
5) 서울의 이태원에 가면 다른 나라에 있는 것 같아요. 외국인도 많고 (　　　　　　) 근처에 세계 여러 나라의 식당도 많아요.

문법1 -다가

1. 관계있는 것을 연결하고 보기 와 같이 문장을 쓰십시오.

보기 학교에 옵니다.	•·······•	친구를 만났어요.
1) 라디오를 듣습니다.	•　　•	하숙집으로 이사했어요.
2) 친구가 기숙사에 삽니다.	•　　•	밥을 넣으세요.
3) 프라이팬에 김치를 볶습니다.	•　　•	서점에서 소설책을 한 권 샀어요.
4) 형이 공부합니다.	•　　•	전화를 받고 밖으로 나갔어요.
5) 집에 갑니다.	•　　•	시끄러워서 껐어요.

보기 학교에 오다가 친구를 만났어요.

1) ______________________________.
2) ______________________________.
3) ______________________________.
4) ______________________________.
5) ______________________________.

2. 그림을 보고 대화를 만드십시오.

보기

가: 산에 올라가다가 쉬었어요?

나: 네, 산에 올라가다가 쉬었어요.

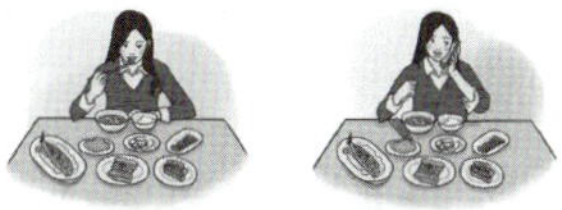

1

가: 밥을 먹다가 전화를 받은 적이 있어요?

나: 네, ______________________.

2

가: 2호선을 타고 가다가 을지로입구역에서 갈아탔어요?

나: 아니요, ______________________.

3

가: 공부하다가 모르는 것이 있으면 어떻게 해요?

나: ______________________.

4

가: 왜 도서관에 가다가 다시 집으로 돌아갔어요?

나: ______________________.

5

가: 실례지만 병원이 어디에 있어요?

나: ______________________.

문법2 으로/로[3]

1. 문장을 쓰십시오.

보기 큰 것 / 바꿔 주세요 → 큰 것으로 바꿔 주세요.

1) 뒤쪽 자리 / 주세요. → ______________________.

2) 아이스크림 / 하겠습니다. → ______________________.

3) 1호선 / 갈아타세요. → ______________________.

4) 운동복 / 갈아입었어요. → ______________________.

5) 이 구두 / 갈아 신으세요. → ______________________.

2. 그림을 보고 대화를 만드십시오.

보기

가: 뭘 마시겠습니까?

나: 저는 커피로 하겠습니다.

1

가: 까만색으로 하시겠습니까?

나: 네, ______________________________.

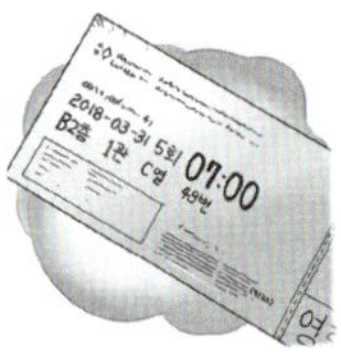

2

가: 5시 표로 예매할까요?

나: 아니요, ______________________________.

4호선

5호선

3

가: 동대문에서 몇 호선으로 갈아타야 해요?

나: ______________________________.

4

가: 손님, 어느 나라 돈으로 바꿔 드릴까요?

나: ______________________________.

5

가: 집에 가서 어떤 옷으로 갈아입어요?

나: ______________________________.

11과 <2> 빨리 가려면 서울역으로 해서 가세요

어휘

1. 알맞은 어휘를 골라 (　　) 안에 쓰십시오.

경복궁	기사	삼거리	출퇴근	밀리다	세우다	좌회전하다

1) (　　　　　　)님, 한국 호텔로 가 주세요.
2) (　　　　　　) 시간에는 지하철이 아주 복잡합니다.
3) 빵집을 지나서 (　　　　　　)으면/면 한국 아파트가 보여요.
4) 손님, (　　　　　　)에서 오른쪽으로 갈까요? 왼쪽으로 갈까요?
5) 한복을 입고 (　　　　　　)에 가면 들어갈 때 돈을 내지 않아도 돼요.
6) 일이 일찍 끝났지만 차가 (　　　　　　)어서/아서/여서 집에 늦게 왔어요.
7) 여기에 차를 (　　　　　　)으시면/시면 안 돼요. 건물 뒤쪽 주차장에 주차하세요.

문법1 -으려면/려면[1]

1. 관계있는 것을 연결하고 문장을 쓰십시오.

보기 이태원에 갑니다.	대사관에 가야 해요.
1) 외국에 여행을 갑니다.	2층 사무실로 가세요.
2) 비자를 받습니다.	지하철 6호선을 타야 해요.
3) 가수가 됩니다.	여권을 만들어야 합니다.
4) 김 선생님을 만납니다.	노래 연습을 많이 해야 해요.
5) 버스를 잘못 타지 않습니다.	버스 기사에게 물어보세요.

보기 이태원에 가려면 6호선을 타야 해요.

1) ______________________________.
2) ______________________________.
3) ______________________________.
4) ______________________________.
5) ______________________________.

2. 그림을 보고 대화를 만드십시오.

보기

가: 시험을 잘 보려면 어떻게 해야 합니까?

나: 시험을 잘 보려면 날마다 복습해야 합니다.

①

가: 지하철을 타려면 교통카드가 있어야 해요?

나: 네, ____________________.

②

가: 창문을 열고 에어컨을 켜도 돼요?

나: 아니요, ____________________.

③

가: 스파게티를 만들 때 뭐가 필요해요?

나: ____________________.

④

가: 놀이공원에 가고 싶은데 어떻게 가는지 몰라요.

나: ____________________.

⑤

가: 8시 기차를 타려면 집에서 몇 시에 출발해야 해요?

나: ____________________.

문법2 으로/로 해서

1. 문장을 쓰십시오.

보기 도서관 뒤 / 집에 가요. → 도서관 뒤로 해서 집에 가요.

1) 병원 옆 / 학교에 와요. → ____________________.

2) 종로 / 회사에 가요. → ____________________.

3) 대전 / 부산에 가요. → ____________________.

4) 독일 / 영국에 갈 거예요. → ____________________.

5) 시청 앞 / 신촌으로 가 주세요. → ____________________.

2. 그림을 보고 대화를 만드십시오.

보기

가: 여행사에 갈 때 꽃집 앞으로 해서 가요?

나: 네, 꽃집 앞으로 해서 가요.

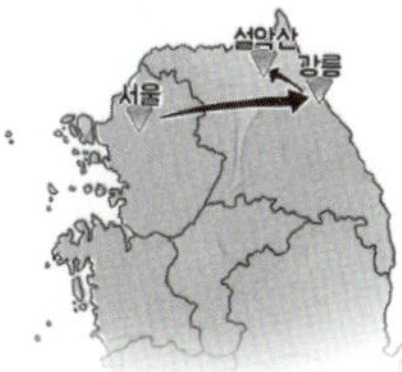

❶

가: 강릉으로 해서 설악산에 갔다가 왔어요?

나: 네, ______________________.

❷

가: 그 비행기가 바로 베트남에 가나요?

나: 아니요, ______________________.

❸

가: 그 기차는 어느 나라로 해서 이탈리아로 가요?

나: ______________________.

❹

가: 학교에 올 때 어디로 해서 오면 더 빨라요?

나: ______________________.

❺

가: 이 길로 해서 똑바로 가면 뭐가 있어요?

나: ______________________.

<1> 단어를 자꾸 사용해야 기억할 수 있어

어휘

1. 알맞은 어휘를 골라 (　　) 안에 쓰십시오.

기억하다　사용하다　연습하다　외우다　잊어버리다　자꾸

1) 아이가 엄마에게 (　　　　　　) 같은 질문을 해요.

2) 학교에 올 때 숙제 공책을 (　　　　　　)고 안 가지고 왔어요.

3) 요즘 휴대 전화를 (　　　　　　)지 않는 사람들이 없는 것 같아요.

4) 10년 만에 만난 그 사람이 저를 (　　　　　　)고 있어서 기뻤어요.

5) 이사한 지 얼마 안 돼서 아직 우리 집 주소를 (　　　　　　)지 못해요.

6) 친구의 결혼식에 가서 불러 줄 노래를 노래방에서 (　　　　　　)었어요/았어요/였어요.

문법1 -어야/아야/여야

1. 관계있는 것을 연결하고 문장을 쓰십시오.

보기 열심히 공부합니다. •	• 시험을 잘 볼 수 있습니다.
1) 일을 끝냅니다. •	• 퇴근할 수 있어요.
2) 표를 삽니다. •	• 도서관에 들어갈 수 있어요.
3) 건강합니다. •	• 즐겁게 지낼 수 있어요.
4) 학생증이 있습니다. •	• 다른 제품으로 바꿀 수 있습니다.
5) 사용하지 않은 제품입니다. •	• 콘서트를 볼 수 있어요.

보기 열심히 공부해야 시험을 잘 볼 수 있습니다.

1) ______________________________.

2) ______________________________.

3) ______________________________.

4) ______________________________.

5) ______________________________.

2. 대화를 만드십시오.

보기 **가:** 날마다 숙제를 해야 해요?
나: 네, 날마다 숙제를 해야 쓰기가 좋아져요.

1) 가: 마트에 가지 않고 시장에 가서 채소를 살 거예요?

나: 네, ______________________.

2) 가: 3급에 가고 싶은데 시험을 안 봐도 됩니까?

나: 아니요, ______________________.

3) 가: 오후 2시 비행기를 타려면 몇 시에 출발해야 해요?

나: ______________________.

4) 가: 저는 지금 사진이 없는데 학생증을 만들 수 있어요?

나: ______________________.

5) 가: 저는 한국어 듣기가 어려워요.

나: ______________________.

문법2 -으면/면 되다

1. 문장을 바꿔 쓰십시오.

보기 9시까지 옵니다. → 9시까지 오면 됩니다.

1) 여기에서 기다립니다. → ______________________.

2) 12과까지 복습합니다. → ______________________.

3) 지하철 4호선을 탑니다. → ______________________.

4) 이 옷으로 갈아입습니다. → ______________________.

5) 소금을 넣어서 먹습니다. → ______________________.

2. 그림을 보고 대화를 만드십시오.

보기

가: 경복궁에 가려면 어디로 가야 해요?

나: 2번 출구로 나가면 됩니다.

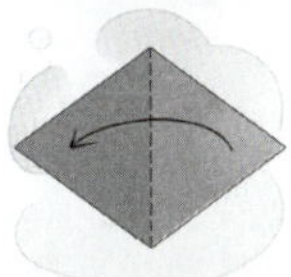

1

가: 종이를 반으로 접으면 됩니까?

나: 네, ______________________.

❷

가: 공원에서 자전거를 타려면 자전거를 가지고 가야 해요?

나: 아니요, ______________________________.

❸

가: 전화 요금을 언제까지 내야 해요?

나: ______________________________.

❹

가: 이건 어떻게 먹는 거예요?

나: ______________________________.

❺

가: 사진을 찍으려면 어떻게 해야 해요?

나: ______________________________.

12과 <2> 직접 오시거나 인터넷으로 신청서를 내세요

어휘

1. 알맞은 어휘를 골라 (   ) 안에 쓰십시오.

신청서　　홈페이지　　내다　　신청하다　　직접

1) 옷을 (   ) 만들어 입은 적이 있습니까?
2) 날마다 선생님께 숙제 공책을 (   )습니다/ㅂ니다.
3) 아르바이트를 하고 싶으면 학교 (   )을/를 한번 보세요.
4) 태권도 수업을 들으려면 이 (   )에다가 이름과 전화번호를 쓰세요.
5) 오후에 한국 요리를 배우고 싶은데 언제까지 (   )어야/아야/여야 해요?

문법1 -는데요/은데요/ㄴ데요

1. 문장을 바꿔 쓰십시오.

보기 음악을 들어요. → 음악을 듣는데요.

1) 저는 기숙사에 살아요. → ________________.
2) 이 책이 정말 재미있어요. → ________________.
3) 이 김치는 너무 매워요. → ________________.
4) 제 고향은 부산이에요. → ________________.
5) 에릭 씨, 전화가 왔어요. → ________________.

2. 그림을 보고 대화를 만드십시오.

보기

가: 지금 뭘 하고 있어요?

나: 집에서 쉬고 있는데요.

①

가: 불고기가 맛있지요?

나: 네, ________________.

2

가: 집이 멀어요?

나: 아니요, ______________________.

3

가: 거기는 날씨가 어때요?

나: ______________________.

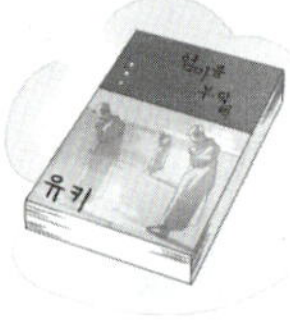

4

가: 이건 누구 책이에요?

나: ______________________.

5

가: ______________________.

나: 7층 스포츠용품 매장으로 가시면 됩니다.

문법2 -거나

1. 문장을 바꿔 쓰십시오.

보기 저녁에 게임을 합니다 / 드라마를 봐요. → 저녁에 게임을 하거나 드라마를 봐요 .

1) 주말에 빨래를 합니다 / 청소를 해요. → ______________________.

2) 밥을 먹고 과일을 먹습니다 / 차를 마셔요. → ______________________.

3) 방학을 하면 여행을 갑니다 / 아르바이트를 해요. → ______________________.

4) 약속 시간에 늦으면 전화합니다 / 문자 메시지를 보내요. → ______________________.

5) 모르는 단어가 있으면 사전을 찾습니다 / 친구에게 물어봐요. → ______________________.

2. 그림을 보고 대화를 만드십시오.

보기

가: 수업이 끝나면 뭘 해요?

나: 도서관에 가거나 커피숍에 가서 숙제해요.

①

가: 집에 혼자 있을 때 뭘 해요?

나: ______________________________.

②

가: 가족이 보고 싶을 때 어떻게 해요?

나: 네, ______________________________.

③

가: 집에 갈 때 갑자기 비가 오면 어떻게 해요?

나: ______________________________.

④

가: 심심할 때 뭘 해요?

나: ______________________________.

⑤

가: 시험이 끝나면 뭘 하고 싶어요?

나: ______________________________.

13과 <1> 우선 통장부터 만드셔야 합니다

어휘

1. 알맞은 어휘를 골라 (   ) 안에 쓰십시오.

비밀번호　　체크카드　　통장　　서명하다　　우선　　잠시

1) 오늘 할 일이 많은데 (   ) 청소부터 할까?

2) 이 서류를 잘 읽고 아래에 (   )으세요/세요.

3) 등산을 하다가 힘들어서 (   ) 앉아서 쉬었어요.

4) 돈을 찾으시려면 (   )이나/나 카드를 넣으십시오.

5) (   )은/는 다른 사람이 알기 쉽게 만들면 안 된다.

6) 이 (   )은/는 교통카드로도 쓸 수 있어서 아주 편리해요.

문법1 부터

1. 문장을 쓰십시오.

보기 손 / 씻으십시오. → 손부터 씻으십시오.

1) 텔리비전 / 켜요. → ______________________.

2) 샐러드 / 드세요. → ______________________.

3) 단어 / 외우십시오. → ______________________.

4) 호텔 / 예약했어요. → ______________________.

5) 미용실 / 가고 싶어요. → ______________________.

2. 그림을 보고 대화를 만드십시오.

보기

가: 아침에 일어나면 제일 먼저 무엇을 해요?

나: 휴대 전화부터 봐요.

①

가: 식사할 때 밥부터 먹어요? 국부터 먹어요?

나: ______________________.

2

가: 회사에 출근하면 뭐부터 해요?

나: ______________________________.

3

가: 채소와 고기 중에서 뭘 먼저 썰까요?

나: ______________________________.

4

가: 방학하면 제일 먼저 무엇을 할 거예요?

나: ______________________________.

5

가: 고향에 가면 뭘 할 거예요?

나: ______________________________.

문법2 -는 동안

1. 관계있는 것을 연결하고 문장을 쓰십시오.

보기 친구가 시험을 봅니다. •	• 저는 밖에서 기다렸어요.
1) 동생이 놉니다. •	• 전화가 오면 메모를 해 주세요.
2) 제가 없습니다. •	• 저는 박수를 쳤어요.
3) 방 친구가 청소합니다. •	• 저는 숙제를 했어요.
4) 지하철을 타고 옵니다. •	• 휴대 전화로 뉴스를 봐요.
5) 친구가 노래를 부릅니다. •	• 저는 빨래를 했어요.

보기 친구가 시험을 보는 동안 저는 밖에서 기다렸어요.

1) ______________________________.

2) ______________________________.

3) ______________________________.

4) ______________________________.

5) ______________________________.

2. 대화를 만드십시오.

보기 **가:** 학교에 다니는 동안 친구를 많이 사귀었어요?
나: 네, 학교에 다니는 동안 여러 나라 친구들을 많이 사귀었어요.

1) **가:** 숙제를 하는 동안 음악을 들어요?
나: 네, ________________.

2) **가:** 여행을 하는 동안 아는 사람을 만난 적이 있어요?
나: 아니요, ________________.

3) **가:** 한국에서 지내는 동안 어디에 가 봤어요?
나: ________________.

4) **가:** 어머니, 제가 자는 동안 누가 왔어요?
나: ________________.

5) **가:** 방학 동안 뭘 하셨어요?
나: ________________.

13과 <2> 두 달이나요?

어휘

1. 알맞은 어휘를 골라 (　　) 안에 쓰십시오.

배편　상자　소포　저울　포장하다　항공편　부치다　올려놓다

1) 쓰지 않는 물건들을 이 (　　　　　)에 모두 넣으세요.
2) 고기의 무게를 알고 싶을 때 (　　　　　)을/를 사용해요.
3) 어제 부모님께 편지를 (　　　　　)었어요/았어요/였어요.
4) 이건 친구에게 선물할 거니까 예쁘게 (　　　　　)어/아/여 주세요.
5) 부산에 있는 친구에게 (　　　　　)을/를 보내려고 우체국에 갔어요.
6) 가방을 바닥에다가 내려놓지 마세요. 여기에 (　　　　　)으세요/세요
7) 부모님께 전해 드릴 급한 서류가 있어서 (　　　　　)으로/로 보냈어요.
8) (　　　　　)으로/로 외국에 물건을 보내면 시간이 많이 걸릴 것 같아요.

문법1 -을/ㄹ 건가요?

1. 문장을 바꿔 쓰십시오.

보기 방학에 고향에 돌아갈 겁니까? → 방학에 고향에 돌아갈 건가요?

1) 사진을 찍을 겁니까? → ____________________?
2) 한국 음악을 들을 겁니까? → ____________________?
3) 내일 몇 시에 출발할 거예요? → ____________________?
4) 저녁에 무슨 음식을 만드실 거예요? → ____________________?
5) 다음 학기에는 어디에서 살 거예요? → ____________________?

2. 대화를 만드십시오.

보기 가: 오늘 친구를 만날 건가요?
나: 네, 오늘 친구를 만날 거예요.

1) 가: ____________________?
나: 네, 커피를 마실 거예요.

2) 가: ____________________?
나: 아니요, 친구와 같이 등산을 갈 거예요.

3) 가: ______________________________?

나: 미국으로 돈을 보내려고 해요.

4) 가: ______________________________?

나: 항공편으로 소포를 부치겠습니다.

5) 가: ______________________________?

나: 주말에는 집에서 쉴 거예요.

문법2 이나 / 나²

1. 문장을 쓰십시오.

보기 사과를 5개 / 먹었어요. → 사과를 5개나 먹었어요.

1) 책이 1,000권 / 있어요. → ______________________________.

2) 버스를 한 시간 / 기다렸어요. → ______________________________.

3) 피자를 10판 / 사 왔어요. → ______________________________.

4) 단어를 300개 / 외웠어요. → ______________________________.

5) 그 영화를 다섯 번 / 봤어요. → ______________________________.

2. 대화를 만드십시오.

보기 가: 어제 도서관에서 10시간 공부했어요.
나: 10시간이나요?

1) 가: 우리 집에 제가 좋아하는 가수의 시디(CD)가 30장 있어요.

나: ______________________________?

2) 가: 오늘 오전에 커피를 네 잔 마셨어요.

나: ______________________________?

3) 가: 어제 날씨가 더워서 아이스크림을 다섯 개 먹었어요.

나: ______________________________?

4) 가: 그 배우는 결혼을 일곱 번 했어요.

나: ______________________________?

5) 가: 저는 지금까지 소설책을 300권쯤 읽었어요.

나: ______________________________?

14과 <1> 직원이 이 제품이 제일 인기가 많다고 했어

어휘

1. 알맞은 어휘를 골라 (　　) 안에 쓰십시오.

서비스 센터　　속도　　이전　　검색하다　　고장 나다　　고치다

1) 제 방의 시계가 (　　　　　　)는/은/ㄴ 것 같아요. 시간이 맞지 않아요.
2) 인터넷에서 경복궁 근처에 있는 한식집을 (　　　　　　)어/아/여 봤어요.
3) 우리 아버지는 자동차에 문제가 있을 때 직접 (　　　　　　)으세요/세요.
4) 휴대 전화가 고장 나서 (　　　　　　)에 가야 하는데 같이 좀 가 주실래요?
5) (　　　　　　)에는 친구들과 밤늦게까지 놀았지만 요즘에는 집에 일찍 들어가요.
6) 배우들이 말하는 (　　　　　　)이/가 빨라서 듣기가 조금 어렵지만 저는 드라마 보는 것을 좋아해요.

문법1 **-는다고/ㄴ다고/다고 하다**

1. 문장을 바꿔 쓰십시오.

보기 학생들: 날마다 학교에 갑니다. → 학생들이 날마다 학교에 간다고 합니다.

1) 리타오: 매운 음식을 잘 먹습니다. → ______________.
2) 존: 기숙사 방이 넓고 깨끗해요. → ______________.
3) 레오: 어제 친구들을 집에 초대했습니다. → ______________.
4) 윤아: 동생은 신문방송학을 공부하는 대학생입니다. → ______________.
5) 에릭: 다음 주에 친구들과 강릉에 여행을 갈 거예요. → ______________.

2. 대화를 만드십시오.

보기

가: 흐엉 씨가 몇 시에 수업을 마친다고 해요?

나: 흐엉 씨가 오후 세 시에 수업을 마친다고 해요.

①

가: 레오 씨가 무슨 음식을 좋아한다고 해요?

나: ______________________.

②

가: 리타오 씨가 지난 주말에 뭘 했다고 해요?

나: ______________________.

③

가: 에릭 씨는 가족이 몇 명이라고 해요?

나: ______________________.

④

가: 올리비아 씨는 방학을 하면 뭘 할 거라고 해요?

나: ______________________.

⑤

가: 존 씨의 고향 날씨가 어떻다고 해요?

나: ______________________.

문법2 -냐고 하다

1. 문장을 바꿔 쓰십시오.

보기 레오: 유키 씨, 영화를 자주 봐요? → 레오 씨가 유키 씨에게 영화를 자주 보냐고 합니다.

1) 유키: 윤아 씨, 닭갈비를 어떻게 만드는지 알아요? → ______________________.

2) 노라: 에릭 씨, 한국에서 일을 하기가 어때요? → ______________________.

3) 흐엉: 리타오 씨, 테니스를 칠 수 있어요? → ______________________.

4) 주앙: 하늘아, 지금 듣는 노래가 무슨 노래야? → ______________________.

5) 올리비아: 존 씨, 어제 집에 몇 시에 들어갔어요? → ______________________.

2. 그림을 보고 대화를 만드십시오.

보기

가: 노라 씨가 뭐라고 했어요?

나: 노라 씨가 저한테 오후에 시간이 있냐고 했어요.

1

가: 올리비아 씨가 뭐라고 했어요?

나: ______________________________.

2

가: 존 씨가 뭐라고 했어요?

나: ______________________________.

3

가: 하늘 씨가 존 씨에게 뭐라고 했어요?

나: ______________________________.

4

가: 우진 씨가 유키 씨에게 뭐라고 했어요?

나: ______________________________.

5

가: 주앙 씨가 레오 씨에게 뭐라고 했어요?

나: ______________________________.

14과 <2> 다 함께 소풍을 가자고 해

어휘

1. 알맞은 어휘를 골라 (　　) 안에 쓰십시오.

방금　　함께　　캠핑장　　바비큐　　데려오다

1) **가:** 실례합니다만 박 선생님 계십니까?
   나: (　　　　　　) 퇴근하셨어요.
2) **가:** 우리 하숙집에 친구를 (　　　　　　)어도/아도/여도 돼요?
   나: 잘 모르겠어요. 주인 아주머니께 물어보세요.
3) **가:** 주말에 뭘 하셨어요?
   나: 부모님과 (　　　　　　) 온천 여행을 갔다가 왔어요.
4) **가:** 한강 공원에 있는 (　　　　　　)에 가 봤어요?
   나: 네, 거기에서 친구들과 음식도 만들어 먹고 게임도 하면서 즐겁게 놀았어요.
5) **가:** 고향에 가서 뭘 했어요?
   나: 네, 친척들을 초대해서 (　　　　　　) 파티를 했어요. 저희 아버지께서 고기를 정말 맛있게 구워 주셨어요.

문법 1 -자고 하다

1. 문장을 바꿔 쓰십시오.

보기 에릭: 같이 점심을 먹읍시다. → 에릭 씨가 같이 점심을 먹자고 합니다.

1) 흐엉: 놀이공원에 같이 갑시다. → ______________________.
2) 리타오: 이 노래를 같이 불러요. → ______________________.
3) 하늘: 시간이 있으면 커피 한 잔 마시자. → ______________________.
4) 유키: 오늘 저녁에 같이 떡볶이를 만듭시다. → ______________________.
5) 존: 비가 많이 오니까 밖에 나가지 맙시다. → ______________________.

2. 대화를 만드십시오.

보기

가: 친구가 어디에 가자고 합니까?

나: 친구가 경복궁에 가자고 합니다.

①

가: 동생이 무슨 영화를 보자고 합니까?

나: ______________________________.

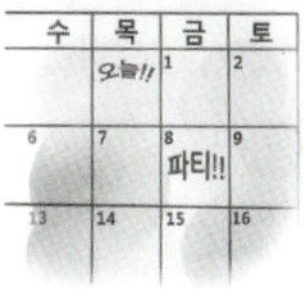

②

가: 에릭 씨가 언제 파티를 하자고 합니까?

나: ______________________________.

③

가: 리타오 씨가 무엇을 같이 배우자고 합니까?

나: ______________________________.

④

가: 유키 씨가 어디로 여행을 가자고 합니까?

나: ______________________________.

⑤

가: 아버지께서 무엇을 하자고 하십니까?

나: ______________________________.

문법2 -으라고/라고 하다

1. 문장을 바꿔 쓰십시오.

보기 선생님: 존 씨, 여기에 앉으십시오. → 선생님께서 존 씨에게 여기에 앉으라고 하십니다.

1) 윤아: 리타오 씨, 내일 일찍 오세요. → ______________________________.

2) 올리비아: 에릭 씨, 문을 닫으세요. → ______________________________.

3) 노라: 윤아야, 이 노래를 들어 봐. → ______________________________.

4) 우진: 유키 씨, 그 책을 한번 읽어 보세요. → ______________________________.

5) 박물관 직원: 박물관 안에서 사진을 찍지 마십시오. → ______________________________.

2. 대화를 만드십시오.

보기

가: 선생님께서 뭐라고 하셨어요?

나: 숙제를 열심히 하라고 하셨어요.

❶

가: 동생이 뭘 사 오라고 했어요?

나: ____________________.

❷

가: 부모님께서 몇 시까지 집에 오라고 하셨어요?

나: ____________________.

❸

가: 교수님께서 무슨 책을 읽으라고 하셨어요?

나: ____________________.

❹

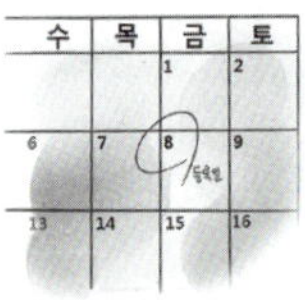

가: 사무실 직원이 언제까지 등록을 하라고 했어요?

나: ____________________.

❺

가: 의사 선생님께서 뭐라고 하셨어요?

나: ____________________.

15과 <1> 팀장님께서 식당을 예약해 달라고 하셨어요

어휘

1. 알맞은 어휘를 골라 (　　) 안에 쓰십시오.

메뉴	서비스	팀장	선택	남다	중요하다

1) 이 식당은 (　　　　　　)이/가 한 가지예요.

2) 대학교 전공 (　　　　　　)이/가 쉽지 않습니다.

3) 가: 다음 주 회사 체육 대회를 한 후 뒤풀이할 장소를 예약했습니까?

나: 네, (　　　　　　)님, 체육관 근처 식당으로 예약을 했습니다.

4) 그 카페는 커피 값이 좀 비싸지만 (　　　　　　)이/가 좋아서 자주 가요.

5) 내일은 (　　　　　　)는/은/ㄴ 회의가 있어서 회사에 일찍 가서 준비해야 해요.

6) 아직 시간이 많이 (　　　　　　)었으니까/았으니까/였으니까 천천히 출발합시다.

문법 1 -어/아/여 달라고(주라고) 하다

1. 문장을 바꿔 쓰십시오.

보기 유키: 리타오 씨, 창문을 열어 주세요.
→ 유키 씨가 리타오 씨에게 창문을 열어 달라고 합니다.

1) 노라: 윤아 씨, 잠시 기다려 주세요.

→ ____________________.

2) 흐엉: 존 씨, 에어컨을 꺼 주세요.

→ ____________________.

3) 올리비아: 사장님, 계산해 주세요.

→ ____________________.

4) 선생님: 레오 씨에게 숙제를 가르쳐 주세요.

→ ____________________.

5) 주앙: 하늘아, 이 사진을 윤아 씨에게 전해 줘.

→ ____________________.

2. 문장을 바꿔 쓰십시오.

존: 제 발표는 여기까지입니다. 보기 질문이 있거나 모르는 것이 있으면 말씀해 주십시오.

유키: 미안해요. 케냐의 명절 이야기를 잘 못 들었어요.

1) 다시 한번 설명해 주세요.

존: 네, 2) 앞에 있는 그림을 다시 봐 주세요.

흐엉: 교실이 어두워서 그림이 잘 안 보여요. 3) 리타오 씨, 불을 켜 주세요.

(존 씨의 설명이 끝난 후)

선생님: 모두 재미있게 들었어요? 4) 존 씨, 다음에 친구들에게 고향 이야기를 더 많이 해 주세요.

다음은 올리비아 씨 순서이지요?

5) 올리비아 씨, 앞으로 나와 주세요.

가: 존 씨가 발표를 한 후 뭐라고 했어요?

나: 보기 질문이 있거나 모르는 것이 있으면 말해 달라고 했어요.

가: 유키 씨가 뭐라고 했어요?

나: 1) ________________.

가: 그래서 존 씨가 뭐라고 했어요?

나: 2) ________________.

가: 흐엉 씨는 뭐라고 했어요?

나: 3) ________________.

가: 선생님께서 존 씨에게 뭐라고 하셨어요?

나: 4) ________________.

가: 선생님께서 올리비아 씨에게 뭐라고 하셨어요?

나: 5) ________________.

문법2 이라서/라서

1. 문장을 쓰십시오.

보기 봄 / 날씨가 따뜻해요
→ 봄이라서 날씨가 따뜻해요.

1) 통화 중 / 전화를 끊었어요.

→ ______________________.

2) 출근 시간 / 교통이 복잡해요.

→ ______________________.

3) 예약석 / 이 자리에 앉을 수 없습니다.

→ ______________________.

4) 관광지 / 그곳에 사람들이 많을 것 같아요.

→ ______________________.

5) 요리사 / 만들지 못하는 음식이 거의 없어요.

→ ______________________.

2. 대화를 만드십시오.

보기 **가:** 왜 오늘 친구에게 선물을 줬어요? (친구 생일)
나: 친구 생일이라서 선물을 줬어요.

1) **가:** 룸메이트하고 잘 지내요? (고향 친구)

나: 네, ______________________.

2) **가:** 내일 학교에 가지요? (방학)

나: 아니요, ______________________.

3) **가:** 왜 팀장님께서 오늘 회사에 안 오셨어요? (휴가)

나: ______________________.

4) **가:** 왜 그 사람에게 반말로 말해요? (동아리 후배)

나: ______________________.

5) **가:** 에릭 씨, 명동에서 6시쯤 만날까요? (6시 퇴근)

나: ______________________.

15과 <2> 치킨 한 마리만 배달해 주세요

어휘

1. 알맞은 어휘를 골라 (   ) 안에 쓰십시오.

신용카드　　이상　　지난번　　현금　　결제하다　　금방

1) (   )에 약속을 지키지 못해서 죄송합니다.

2) 신분증이 없으면 (   )을/를 만들 수 없어요?

3) (   ) 돌아오겠습니다. 여기 앉아서 기다려 주세요.

4) (   )이/가 필요해서 현금 자동 인출기에서 찾았어요.

5) 제 방의 에어컨에 (   )이/가 있어서 서비스 센터에 전화했어요.

6) 인터넷으로 물건을 살 때 휴대 전화로 (   )을/ㄹ 수 있어서 편해요.

문법1 만

1. 문장을 쓰십시오.

보기 저 / 그 노래를 몰라요. → 저만 그 노래를 몰라요.

1) 라면 / 먹었어요. → ______________________.

2) 물 한 잔 / 주세요. → ______________________.

3) 잠깐 / 밖에서 기다리십시오. → ______________________.

4) 추석과 설날 / 문을 닫습니다. → ______________________.

5) 오천 원 / 빌려 줄 수 있어요? → ______________________.

2. 그림을 보고 대화를 만드십시오.

보기

가: 언니나 오빠가 있어요?

나: 아니요, 동생만 두 명 있어요.

①

가: 유키 씨, 어제 옷을 안 샀어요?

나: 네, ______________________.

2

가: 올리비아 씨, 병원에 갔다가 왔어요?

나: 아니요, ______________________________.

3

가: 어제 친구하고 영화를 본 후에 식사도 했어요?

나: ______________________________.

4

가: 박물관 안에 아이의 부모님도 들어갈 수 있어요?

나: ______________________________.

5

가: 날마다 아르바이트를 해요?

나: ______________________________.

문법2 -었던/았던/였던

1. 문장을 바꿔 쓰십시오.

보기 졸업식 때 입었습니다 / 옷입니다.
→ 졸업식 때 입었던 옷입니다.

1) 비행기 안에서 봤습니다 / 영화입니다.

→ ______________________________.

2) 지난주에 갔습니다 / 카페에 갑시다.

→ ______________________________.

3) 지난번에 먹었습니다 / 치킨을 시킵시다.

→ ______________________________.

4) 일주일 전에 에릭이 불렀습니다 / 노래가 좋았어요.

→ ______________________________.

5) 어제 말했습니다 / 책을 가지고 왔습니까?

→ ______________________________.

2. 대화를 만드십시오.

보기 가: 누가 고향에 돌아갔어요?
나: 1급 때 같이 공부했던 친구가 고향에 돌아갔어요.

1) 가: 지난번에 반 모임을 했던 식당의 전화번호를 알아요?
나: 네, ______________________.

2) 가: 잃어버렸던 물건을 다시 찾은 적이 있어요?
나: 아니요, ______________________.

3) 가: 어느 자리에 앉을까요?
나: 어제 ______________________.

4) 가: 무슨 음식을 드시겠습니까?
나: 지난번에 ______________________.

5) 가: 여행을 갔던 곳 중에서 어디가 제일 아름다웠어요?
나: ______________________.

16과 <1> 열이 나는 데다가 두통도 심해요

어휘

1. **알맞은 어휘를 골라 (   ) 안에 쓰십시오.**

감기	기침	두통	열	콧물	나다	붓다	심하다	푹

1) 아이가 (   )이/가 높아서 바로 병원에 갔어요.
2) (   )을/를 많이 해서 따뜻한 물을 자주 마셔요.
3) 미역국이 짜서 물을 더 (   )었어요/았어요/였어요.
4) 시험이 끝났으니까 오늘은 집에 가서 (   ) 자고 싶어요.
5) 감기에 걸려서 (   )이/가 나요. 그래서 휴지를 가지고 다녀요.
6) 아이스크림을 많이 먹어서 배탈이 (   )었어요/았어요/였어요.
7) 머리가 많이 아팠는데 약을 먹고 쉬니까 (   )이/가 없어졌어요.
8) 변비가 (   )어서/아서/여서 화장실에 가면 시간이 오래 걸려요.
9) 어제 날씨가 많이 추웠는데 오랫동안 밖에 있어서 (   )에 걸렸어요.

문법1 -는/은/ㄴ 데다가

1. **문장을 쓰십시오.**

보기 시장은 물건 값이 쌉니다 / 종류도 많아요.
→ 시장은 물건 값이 싼 데다가 종류도 많아요.

1) 흐엉 씨는 공부를 잘합니다 / 성격도 좋아요.

→ ______________________________.

2) 이 휴대 전화는 가볍습니다 / 속도도 빨라요.

→ ______________________________.

3) 이 도시는 공기가 나쁩니다 / 교통도 복잡해요.

→ ______________________________.

4) 그 식당은 음식이 맛있습니다 / 분위기도 좋아서 자주 가요.

→ ______________________________.

5) 밥을 급하게 먹었습니다 / 스트레스를 받아서 소화가 안 돼요.

→ ______________________________.

2. 그림을 보고 대화를 만드십시오.

보기

가: 오늘 날씨가 어때요?

나: 눈이 오는 데다가 바람도 많이 불어서 추워요.

❶

가: 흐엉 씨 친구는 한국말을 잘해요?

나: 네, ______________________________.

❷

가: 감기에 걸렸어요?

나: 네, ______________________________.

❸

가: 방이 좀 좁지요?

나: 네, ______________________________.

❹

가: 이 옷이 어때요?

나: ______________________________.

❺

가: 오늘 왜 기분이 안 좋아요?

나: ______________________________.

문법2 ㅅ동사

1. 표를 완성하고 쓰십시오.

	-고	-었어요/았어요/였어요	-어서/아서/여서	-으세요/세요	-으면/면
낫다	낫고				
짓다		지었어요			
붓다			부어서		
젓다				저으세요	
잇다					이으면
긋다					
* 웃다		웃었어요			
* 벗다			벗어서		
* 씻다				씻으세요	

보기 3년 만에 아파트를 다 지었어요 ~~었어요/았어요/였어요~~. (짓다)

1) 여기에 선을 ________________ 으면/면 될까요? (긋다)

2) 이 약을 드시고 빨리 ________________ 으세요/세요. (낫다)

3) 오래 걸어서 다리가 ________________ 었어요/았어요/였어요. (붓다)

4) 라면에 뜨거운 물을 붓고 조금 후에 잘 ________________ 어서/아서/여서 드세요. (젓다)

5) 아이가 잘 ________________ 어서/아서/여서 예뻐요. (웃다)

2. 대화를 만드십시오.

보기

가: 국이 싱거운데 어떻게 하지요? (젓다)

나: 그럼 간장을 넣고 잘 저으세요.

❶

가: 노라 씨, 몸은 좀 어때요? (낫다)

나: ______________________________.

❷

가: 윤아 씨는 어떤 집에서 살고 싶어요? (짓다)

나: ______________________________.

❸

가: ______________________________. (붓다)

나: 목을 따뜻하게 하고 따뜻한 차를 드세요.

❹

가: 신발을 신고 들어가도 돼요? (벗다)

나: 아니요, ______________________________.

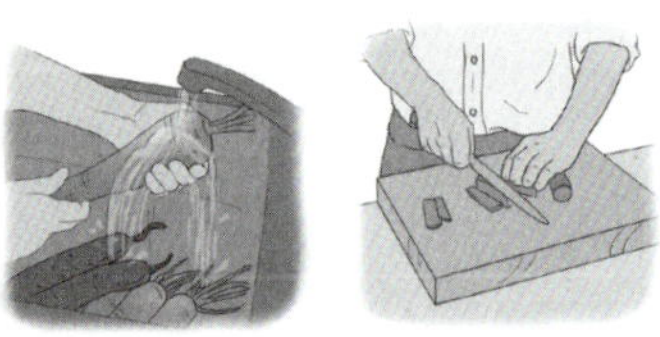

❺

가: 이 채소들은 어떻게 해야 해요? (씻다)

나: ______________________________.

16과 <2> 우선 상처에 이 소독약이라도 바르세요

어휘

1. 알맞은 어휘를 골라 (　　) 안에 쓰십시오.

건강 보험　소독약　약사　치료　치료비　다치다　바르다

1) 상처에서 피가 나요. (　　　　　) 좀 주세요.
2) 하루 세 번 아픈 곳에 이 약을 (　　　　　)으세요/세요.
3) 병원 직원에게 (　　　　　)이/가 얼마냐고 물어보세요.
4) (　　　　　)에게 이 약을 먹어도 되냐고 물어본 후에 드세요.
5) 운동을 하다가 발을 (　　　　　)어서/아서/여서 상처가 났어요.
6) (　　　　　)이/가 있으니까 병원에 가도 돈이 많이 들지 않을 거예요.
7) 산에서 내려오다가 무릎을 다쳤어요. 그래서 병원에 가서 의사한테서 (　　　　　)을/를 받았어요.

문법1 이라도/라도

1. 대화를 만드십시오.

보기 가: 오전에는 수업이 있어서 못 갈 것 같아요. (오후)
나: 그럼 오후에라도 오세요.

1) 가: 할 일이 없어서 심심해요. (인터넷 게임)
나: ______________________________.

2) 가: 요즘 돈이 없어서 힘들어요. (아르바이트)
나: ______________________________.

3) 가: 집에 잡지는 없고 신문만 있는데요. (신문)
나: ______________________________.

4) 가: 이번 주에는 바빠서 못 만날 것 같아요. (다음 주)
나: ______________________________.

5) 가: 까만색 바지는 없고 회색 바지만 있는데요. (회색 바지)
나: ______________________________.

2. 대화를 만드십시오.

보기

가: 냉장고에 주스는 없어요.

나: 그럼 물이라도 주세요.

1

가: 배가 고픈데 먹을 것이 없어요.

나: ______________________________.

2

가: 갑자기 일이 생겨서 오늘은 못 갈 것 같아요.

나: ______________________________.

3

가: 일이 너무 많은데 도와줄 사람이 없어요.

나: ______________________________.

4

가: 미안한데 연필 좀 빌려 줄래? 내가 오늘 필통을 안 가지고 왔어.

나: 연필은 없는데. ______________________________?

5

가: 존 씨에게 연락해야 하는데 전화번호를 몰라요.

나: 저도 전화번호는 몰라요. ______________________________?

문법2 -지 않으면 안 되다

1. 문장을 바꿔 쓰십시오.

보기 시험을 잘 보려면 숙제를 열심히 해야 합니다.
→ 시험을 잘 보려면 숙제를 열심히 하지 않으면 안 됩니다.

1) 늦지 않으려면 지금 출발해야 합니다.

→ ______________________.

2) 감기가 빨리 나으려면 약을 먹어야 합니다.

→ ______________________.

3) 그 회사에서 일하려면 영어를 잘해야 합니다.

→ ______________________.

4) 도서관에 들어가려면 학생증을 만들어야 합니다.

→ ______________________.

5) 기숙사를 신청하려면 오늘까지 신청서를 내야 합니다.

→ ______________________.

2. 대화를 만드십시오.

보기 **가**: 내일까지 이 일을 끝내야 합니까?
나: 네, 내일까지 끝내지 않으면 안 됩니다.

1) **가**: 여기에다가 꼭 서명을 해야 합니까?

나: 네, ______________________.

2) **가**: 시험을 잘 보려면 그 책을 읽어야 합니까?

나: 네, ______________________.

3) **가**: 주말에 그 영화를 보려면 예매를 해야 합니까?

나: 네, ______________________.

4) **가**: 현금 자동 인출기에서 돈을 찾을 때 비밀번호를 눌러야 합니까?

나: 네, ______________________.

5) **가**: 언제까지 소포를 보내야 합니까?

나: ______________________.

17과 <1> 영화 보는 것만큼 재미있는 게 없어요

어휘

1. 알맞은 어휘를 골라 (　　) 안에 쓰십시오.

관심　　무료　　즐기다　　아무리

1) 저는 한국의 역사에 (　　　　　　)이/가 많아요.

2) 치킨을 배달시키면 콜라를 (　　　　　　)으로/로 줍니다.

3) 주앙 씨는 매운 음식을 좋아해서 김치찌개를 (　　　　　　)어/아/여 먹어요.

4) 저는 야구를 아주 좋아해요. (　　　　　　) 바빠도 한 달에 한 번은 야구를 보러 야구장에 가요.

문법1 만큼

1. 알맞은 어휘를 골라 보기와 같이 쓰십시오.

고기　　교실　　서울　　소설책　　아버지　　작년

보기 제 방이 우리 교실만큼 넓어요.

1) 아들이 ______________만큼 키가 컸어요.

2) 제 고향도 ______________만큼 복잡해요.

3) 그 영화가 ______________만큼 재미있어요.

4) 요즘에는 채소가 ______________만큼 비싸요.

5) 올해도 ______________만큼 눈이 많이 올까요?

2. 문장을 쓰십시오.

보기 제주도가 제일 아름다워요.
→ 제주도만큼 아름다운 섬은 없어요.

1) 우리 반에서 리타오 씨가 노래를 제일 잘 불러요.

→ 우리 반에서 ______________________만큼 ______________________은/는 없어요.

2) 한국 음식 중에서 갈비탕이 제일 맛있어요.

→ 한국 음식 중에서 ______________________만큼 ______________________은/는 없어요.

3) 소설책이 제일 재미있어요.

→ ____.

4) 장미꽃이 제일 예뻐요.

→ ______________________________.

5) 청소가 제일 하기가 싫어요.

→ ______________________________.

3. 그림을 보고 대화를 만드십시오.

보기

가: 우리 반에서 누가 춤을 제일 잘 춰요?

나: 우리 반에서 리타오 씨만큼 춤을 잘 추는 사람이 없어요.

①

가: 무슨 운동이 제일 재미있어요?

나: ______________________________.

유자차

②

가: 목이 아플 때 뭘 마시면 좋아요?

나: ______________________________.

김치

③

가: 가장 유명한 한국 음식이 뭐예요?

나: ______________________________.

설악산

④

가: 한국에서 단풍이 제일 아름다운 곳이 어디예요?

나: ______________________________.

⑤

가: 우리 반에서 누가 여행을 제일 많이 했어요?

나: ______________________________.

문법2 -어도/아도/여도

1. 문장을 쓰십시오.

보기 슬픕니다 / 안 울어요. → 슬퍼도 안 울어요.

1) 돈이 없습니다 / 행복해요. → ______________________.

2) 힘듭니다 / 운동을 꼭 해요. → ______________________.

3) 열심히 공부합니다 / 시험을 잘 못 봐요. → ______________________.

4) 큰 마트에 갑니다 / 그 물건은 없을 거예요. → ______________________.

5) 음식이 맵습니다 / 리타오 씨는 잘 먹을 거예요. → ______________________.

2. 그림을 보고 대화를 만드십시오.

보기

가: 고향에 돌아가도 한국말을 공부할 거예요?

나: 네, 고향에 돌아가도 한국말을 공부할 거예요.

①

가: 감기가 아직 안 나았어요?

나: 네, ______________________.

②

가: 시간이 늦었는데 배달해 주나요?

나: 네, ______________________.

③

가: 내일 날씨가 추우면 운동을 안 할 거예요?

나: 아니요, ______________________.

④

가: 유키 씨는 커피를 마시면 잠을 잘 못 자요?

나: 아니요, ______________________.

⑤

가: 아프면 집에 가서 쉬세요.

나: ______________________.

어휘

1. 알맞은 어휘를 골라 (　　　) 안에 쓰십시오.

피아노	낚시하다	조깅하다	치다

1) (　　　　　　)이/가 커서 거실에 놓았어요.
2) 요즘 저는 취미로 테니스를 (　　　　　　)어요/아요/여요.
3) 직접 (　　　　　　)어서/아서/여서 잡은 생선으로 요리를 했어요.
4) 요즘 날씨가 추워졌지만 아침마다 공원에 가서 (　　　　　　)어요/아요/여요.

문법1 -을/ㄹ 줄 알다(모르다)

1. 문장을 쓰십시오.

보기 스키를 타요.
→ 스키를 탈 줄 알아요. / 스키를 탈 줄 몰라요.

1) 테니스를 쳐요.
→ ______________________. / ______________________.

2) 잡채를 만들어요.
→ ______________________. / ______________________.

3) 러시아말을 해요.
→ ______________________. / ______________________.

4) 컴퓨터로 그림을 그려요.
→ ______________________. / ______________________.

5) 현금 자동 인출기에서 돈을 찾아요.
→ ______________________. / ______________________.

2. 대화를 만드십시오.

보기 **가:** 한국에서 지하철을 탈 줄 알아요?
나: 네, 탈 줄 알아요.

1) **가:** 운전할 줄 알아요?
나: 네, ____________________.

2) **가:** 홈페이지를 만들 줄 알아요?
나: 아니요, ____________________.

3) **가:** 기타를 칠 줄 알아요?
나: ____________________지만 잘 못 쳐요.

4) **가:** 한글을 읽을 수 있어요?
나: ____________________지만 쓰는 건 어려워요.

5) **가:** 한국 사람이니까 태권도를 가르쳐 줄 수 있지요?
나: 미안하지만 ____________________.

문법2 -던

1. 문장을 쓰십시오.

보기 형이 사용했습니다 / 책상을 제가 쓰고 있어요.
→ 형이 사용하던 책상을 제가 쓰고 있어요.

1) 아이가 먹었습니다 / 빵을 엄마가 먹었어요.
→ ____________________.

2) 어제 밤에 읽었습니다 / 책을 오늘 다 읽었어요.
→ ____________________.

3) 어렸을 때 언니가 입었습니다 / 옷을 제가 입었어요.
→ ____________________.

4) 여기는 제가 학교에 갈 때 자주 다녔습니다 / 길이에요.

→ ______________________________.

5) 이 노래는 할머니께서 자주 들으셨습니다 / 노래예요.

→ ______________________________.

2. 그림을 보고 대화를 만드십시오.

보기

가: 공원에 사람들이 많네.

나: 이 공원은 고향에 있을 때 내가 자주 운동하던 곳이야.

①

가: 이 강아지가 귀엽다.

나: 이 강아지는 내가 어렸을 때 우리 집에서 ______________________________.

②

가: 올리비아 씨, 초밥을 좋아하세요?

나: 네, 아주 좋아해요.

초밥은 제가 일본에 있을 때 자주 ______________________________.

③

가: 이 사람은 누구예요?

나: 어렸을 때 ______________________________.

④

가: 퇴근 안 하세요?

나: 먼저 퇴근하세요. 저는 ______________________________.

⑤

가: 이건 누가 보던 잡지야?

나: ______________________________.

<1> 무슨 일이든지 미리 계획을 세우는 게 좋아

어휘

1. 알맞은 어휘를 골라 (   ) 안에 쓰십시오.

경험　　학원　　벌다　　쌓다　　미리

1) 집에 손님들이 오기 전에 (   ) 음식을 만들었어요.
2) 하늘 씨는 요리를 배우려고 요리 (   )에 등록했어요.
3) 노라 씨는 그 일을 해 본 (   )이/가 있으니까 잘 할 거예요.
4) 일을 해서 돈을 (   )으면/면 먼저 새 컴퓨터를 사고 싶어요.
5) 형은 아르바이트를 해서 경험을 (   )은/ㄴ 후에 컴퓨터 회사에서 일할 거라고 해요.

문법1 -던데요

1. 문장을 바꿔 쓰십시오.

보기 제주도에 구경거리가 많았습니다.
→ 제주도에 구경거리가 많던데요.

1) 어제 본 영화가 아주 무서웠습니다.
→ ______________________.

2) 지난 주말에 백화점이 복잡했습니다.
→ ______________________.

3) 하늘이가 피아노를 잘 쳤습니다.
→ ______________________.

4) 노라 씨가 전화를 안 받았습니다.
→ ______________________.

5) 친구의 결혼식에 사람이 많이 왔습니다.
→ ______________________.

2. 대화를 만드십시오.

보기 가: 어제 먹은 삼계탕은 맛이 어땠어요?
나: 아주 맛있던데요.

1) 가: 파티를 할 때 유키 씨가 입은 옷이 예뻤어요?
나: 네, ______________________________.

2) 가: 어제 노라 씨 집에 가서 노라 씨를 만났어요?
나: 아니요, ______________________________.

3) 가: 아침에 학교에 올 때 길이 복잡했어요?
나: 아니요, ______________________________.

4) 가: 리타오 씨가 우표를 많이 모았어요?
나: 네, ______________________________.

5) 가: 지난주에 간 콘서트가 어땠어요?
나: ______________________________.

문법2 이든지/든지

1. 알맞은 어휘를 골라 (　　) 안에 쓰십시오.

누구　　무슨 운동　　뭐　　언제　　어디

1) 그 사람은 운동을 좋아해서 ______________ 이든지/든지 잘해요.
2) 모르는 것이 있으면 ______________ 이든지/든지 물어보세요.
3) 가까운 곳이면 괜찮으니까 ______________ 이든지/든지 놀러 갑시다.
4) 저는 주말에 집에 있을 거니까 ______________ 이든지/든지 전화하세요.
5) 우리 학교의 학생은 ______________ 이든지/든지 그 모임에 갈 수 있습니다.

2. 대화를 만드십시오.

보기 **가**: 반 모임을 언제 할까요?
나: 저는 언제든지 좋아요.

1) **가**: 외국 학생도 도서관에 들어갈 수 있어요?
나: 네, ______________________________.

2) **가**: 존 씨, 이 종이를 좀 가지고 가도 돼요?
나: 네, ______________________________.

3) **가**: 리타오 씨는 무슨 음식을 잘 먹어요?
나: ______________________________.

4) **가**: 유키 씨, 무슨 영화를 볼까요?
나: ______________________________.

5) **가**: 그 친구에게 어떤 옷이 잘 어울려요?
나: ______________________________.

18과 <2> 졸업이 두 달밖에 안 남았네요

어휘

1. 알맞은 어휘를 골라 (　　) 안에 쓰십시오.

유학	정도	결정하다	출국하다	한

1) 날마다 몇 시간 (　　　　　　) 공부하세요?
2) 여기서 시청 역까지 (　　　　　　) 20분 걸릴 거예요.
3) 일본으로 (　　　　　　)기 전에 공항에서 한 시간쯤 기다렸어요.
4) 저는 대학교를 졸업하고 프랑스로 (　　　　　　)을/를 가려고 해요.
5) 다음 주에 송별회를 할 건데 아직 장소를 (　　　　　　)지 못했어요.

문법1 밖에

1. 문장을 쓰십시오.

보기 학교에서 우리 집까지 10분 / 안 걸립니다.
→ 학교에서 우리 집까지 10분밖에 안 걸립니다.

1) 돈이 오천 원 / 없습니다.
→ ______________________.

2) 수업 시간이 5분 / 안 남았습니다.
→ ______________________.

3) 어제 잠을 두 시간 / 못 잤습니다.
→ ______________________.

4) 생일 파티에 친구가 세 명 / 안 왔습니다.
→ ______________________.

5) 저는 하루에 커피를 한 잔 / 마시지 않습니다.
→ ______________________.

2. 그림을 보고 대화를 만드십시오.

보기

가: 교실에 학생이 몇 명 있어요?

나: 세 명밖에 없어요.

❶

가: 냉장고에 음료수가 몇 병 있어요?

나: ______________________________.

❷

가: 옷장에 양복이 몇 벌 있어요?

나: ______________________________.

❸

가: 친구를 오래 기다렸어요?

나: 아니요, ______________________________.

❹

가: 그 사람을 잘 아세요?

나: 아니요, ______________________________.

❺

가: 한국에서 어디에 가 봤어요?

나: ______________________________.

문법2 -을/ㄹ 줄 알았다

1. 문장을 바꿔 쓰십시오.

보기 그 책이 재미있습니다.
→ 저는 그 책이 재미있을 줄 알았습니다.

1) 친구가 약속을 지킵니다.

→ ______________________________.

2) 제주도 날씨가 춥습니다.

→ ______________________________.

3) 흐엉 씨가 시험을 잘 봅니다.

→ ______________________________.

4) 노라 씨가 매운 음식을 잘 먹습니다.

→ ______________________________.

5) 레오 씨가 방학에 고향에 돌아갑니다.

→ ______________________________.

2. 그림을 보고 대화를 만드십시오.

보기

가: 리타오 씨가 이번 동아리 모임에 못 온다고 했어요.

나: 그래요? 저는 리타오씨가 올 줄 알았어요.

①

가: 선배가 토요일에 집들이를 할 거라고 해요.

나: 그래요? ______________________________.

②

가: 저는 등산 동호회에 들 거예요.

나: 그래요? ______________________________.

③

가: 존 씨는 매운 음식을 잘 못 먹어요.

나: ______________________________.

④

가: 하늘 씨는 대학교를 졸업하고 유학을 갈 거라고 해요.

나: ______________________________.

⑤

가: 날씨가 추운데 왜 코트를 안 입고 왔어요?

나: ______________________________.

19과 <1> 며칠이나 계셨어요?

어휘

1. 알맞은 어휘를 골라 (　　) 안에 쓰십시오.

시설　　풍경　　숙박하다　　그렇게　　-박 -일

1) 산과 바다가 있는 시골의 (　　　　　　)이/가 아주 아름다웠다.

2) 빨리 먹지 마세요. (　　　　　　) 급하게 먹으면 소화가 안 될 거예요.

3) 여행을 갔을 때 (　　　　　　)었던/았던/였던 호텔이 아주 깨끗하고 좋았어요.

4) 제주도에 2(　　　　　　) 3(　　　　　　)으로/로 여행을 갔는데 아주 재미있었어요.

5) 제가 사는 원룸은 인터넷도 사용할 수 있고 에어컨도 있어요. (　　　　　　)이/가 아주 좋은 곳이에요.

문법1 이나/나3

1. 알맞은 것을 골라 (　　) 안에 쓰십시오.

몇 명　　몇 벌　　몇 번　　몇 시간　　몇 인분　　몇 켤레

보기 혼자서 삼겹살을 (몇 인분이나)~~이나/나~~ 먹었어요?

1) 양말이 (　　　　　　)이나/나 필요해?

2) 하루에 운동을 (　　　　　　)이나/나 하세요?

3) 부모님께 일주일에 (　　　　　　)이나/나 전화를 드려?

4) 여행을 갈 때 옷을 (　　　　　　)이나/나 가지고 가요?

5) 어제 생일 파티에 친구들이 (　　　　　　)이나/나 왔어?

2. 대화를 만드십시오.

> 보기 가: 하루에 물을 몇 잔이나 드세요?
> 나: 10잔쯤 마셔요.

1) 가: 집에서 학교까지 ______________________ ?
   나: 20분쯤 걸려요.
2) 가: 어제 도서관에 가서 ______________________ ?
   나: 두 권 빌렸어요.
3) 가: 새를 ______________________ ?
   나: 세 마리 키워요.
4) 가: 노래방에 ______________________ ?
   나: 세 번 가 봤어요.
5) 가: 친구들하고 피자를 ______________________ ?
   나: 네 판 먹었어.

문법2 -은/ㄴ 뒤에

1. 문장을 쓰십시오.

> 보기 모임이 끝났습니다 / 뒤풀이가 있으니까 모두 오십시오.
> → 모임이 끝난 뒤에 뒤풀이가 있으니까 모두 오십시오.

1) 창문을 엽니다 / 청소했어요.
   → ______________________ .
2) 수술을 받습니다 / 건강해졌습니다.
   → ______________________ .
3) 한 달이 지났습니다 / 연락이 왔어요.
   → ______________________ .
4) 감자를 삶습니다 / 소금에 찍어서 드세요.
   → ______________________ .
5) 감기가 낫습니다 / 수영장에 갈 수 있어요.
   → ______________________ .

2. 대화를 만드십시오.

보기

가: 외국으로 여행을 가고 싶어요. 뭘 준비하면 돼요?

나: 사진을 찍은 뒤에 여권을 만드세요.

①

가: 방만 청소했어요?

나: 아니요, ____________________.

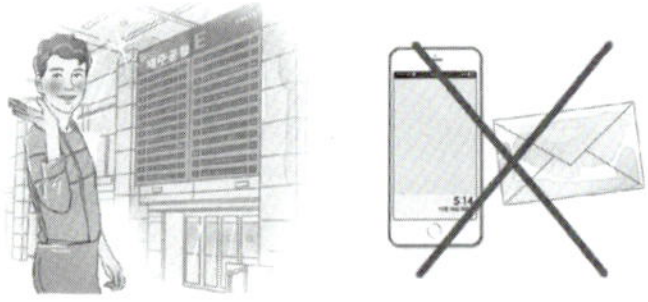

②

가: 노라 씨가 고향에 가면 연락을 한다고 했어요?

나: 네, 그런데 ____________________.

③

가: 영화를 보고 뭘 할까요?

나: ____________________.

④

가: 숙제를 하고 뭘 할 거예요?

나: ____________________.

⑤

가: 이번 주말에 뭘 할 거예요?

나: ____________________.

19과 <2> 해외여행을 가기로 했는데 어디로 가면 좋을까?

어휘

1. 알맞은 어휘를 골라 (　　) 안에 쓰십시오.

볼거리　　옛날　　유물　　해외여행　　신기하다

1) 역사를 공부하는 사람들은 (　　　　　　)에 관심이 많습니다.
2) 제주도는 여러 가지 (　　　　　　)이/가 많아서 재미있습니다.
3) 한국 사람들이 썼던 (　　　　　　) 물건을 보러 박물관에 갔습니다.
4) 요즘 국내 여행보다는 (　　　　　　)을/를 가는 사람들이 많아졌습니다.
5) 에릭 씨는 외국 사람인데 매운 김치를 잘 먹는 것이 아주 (　　　　　　)습니다/ㅂ니다.

문법1 -기로 하다

1. 반 친구들의 올해 계획입니다. 보기와 같이 문장을 쓰십시오.

보기 노라: 저는 올해 열심히 운동을 하기로 했어요.

1) 존　　: ______________________________.
2) 올리비아: ______________________________.
3) 주앙　　: ______________________________.
4) 유키　　: ______________________________.
5) 리타오　: ______________________________.

2. 대화를 읽고 문장을 바꿔 쓰십시오.

에릭: 다음 주 월요일이 존 씨의 생일이라고 해요.

유키: 그래요? 그럼 보기 이번 주에 생일 파티를 합시다. 어때요?

에릭: 좋아요. 무슨 요일에 할까요?

유키: 1) 존 씨에게 무슨 요일이 좋냐고 물어봅시다.

에릭: 그래요, 파티는 어디에서 할까요?

유키: 2) 학교 근처 한식집에서 파티를 합시다. 그런데 선물은 뭘 살까요?

에릭: 3) 존 씨가 책을 많이 읽으니까 책을 삽시다.

유키: 좋아요. 파티에 누구를 초대할까요?

에릭: 4) 반 친구들하고 존 씨의 한국 친구들을 초대합시다.

유키: 그래요, 식사를 하고 뭘 할까요?

에릭: 5) 식사를 한 뒤에 노래방에 가서 노래를 부릅시다.

유키: 좋아요. 그렇게 해요.

보기 이번 주에 존 씨 생일 파티를 하기로 했어요.

1) ______________________.

2) ______________________.

3) ______________________.

4) ______________________.

5) ______________________.

문법2 -자마자

1. 관계있는 것을 연결하고 문장을 쓰십시오.

보기 수업이 끝납니다.	•	• 비가 오기 시작했습니다.
1) 집에서 나갑니다.	•	• 다 먹었습니다.
2) 친구가 전화를 받습니다.	•	• 친구들이 다 집에 갔습니다.
3) 아이스크림을 삽니다.	•	• 손님들이 들어왔습니다.
4) 집에 돌아갑니다.	•	• 밖에 나갔습니다.
5) 가게 문을 엽니다.	•	• 잘 거예요.

보기 수업이 끝나자마자 친구들이 다 집에 갔습니다.

1) ______________________________.

2) ______________________________.

3) ______________________________.

4) ______________________________.

5) ______________________________.

2. 대화를 만드십시오.

보기 **가:** 아이가 왜 울어요?
나: 모르겠어요. 의사 선생님을 보자마자 우네요.

1) **가:** 걱정이 되니까 고향에 도착하면 전화해 주세요.
나: 알겠어요. ______________________________.

2) **가:** 오늘 수업이 끝나고 같이 도서관에 갈래?
나: 미안해. ______________________________.

3) **가:** 지난 방학에 뭘 했어요?
나: ______________________________.

4) **가:** 아침에 일어나면 뭘 해요?
나: ______________________________.

5) **가:** 어제 집에 가서 뭘 했어요?
나: ______________________________.

20과 <1> 비가 많이 온다고 하니까 다음에 가자

어휘

1. 알맞은 어휘를 골라 (　　) 안에 쓰십시오.

기온　강하다　내리다　계속　그냥

1) 바람이 (　　　　　　)게 불어서 걷기가 힘들어요.

2) 약을 먹어도 (　　　　　　) 아프면 병원에 꼭 가세요.

3) (　　　　　　)이/가 낮은 날에는 옷을 따뜻하게 입어야 해요.

4) 눈이 많이 (　　　　　　)는/은/ㄴ 날에는 운전할 때 조심하세요.

5) 옷을 사러 백화점에 갔는데 마음에 드는 옷이 없어서 (　　　　　　) 집에 돌아왔다.

문법1 -는다고/ㄴ다고/다고 하니까

1. 문장을 쓰십시오.

보기 지금은 길이 막힙니다 / 조금 이따가 출발할까요?
→ 지금은 길이 막힌다고 하니까 조금 이따가 출발할까요?

1) 그 음식은 너무 맵습니다 / 다른 음식을 드세요.

→ ______________________________.

2) 이번 주가 세일 기간입니다 / 백화점에 가 보세요.

→ ______________________________.

3) 내일은 수업이 없습니다 / 같이 서울 구경을 합시다.

→ ______________________________.

4) 레오 씨가 집들이를 합니다 / 선물을 사 가지고 갑시다.

→ ______________________________.

5) 에릭 씨가 감기가 나았습니다 / 같이 수영장에 가자고 할까요?

→ ______________________________?

2. 대화를 만드십시오.

보기

가: 오늘 점심을 어디에서 먹을까요?

나: 학생 식당이 싸고 맛있다고~~는다고/ㄴ다고/다고~~ 하니까 거기로 가는 게 어때요?

1

가: 이번 주말에 뭘 할까?

나: ______________________ 는다고/ㄴ다고/다고 하니까

열심히 공부하자.

2

가: 우리 주말에 무슨 영화를 볼까?

나: ______________________ 는다고/ㄴ다고/다고 하니까

그 영화를 보자.

3

가: 지금 은행에 가면 늦지 않을까요?

나: ______________________ 는다고/ㄴ다고/다고 하니까

지금 출발하면 괜찮을 거야.

4

가: 내일 수업이 끝나고 박물관에 같이 갈래?

나: ______________________________.

5

가: 흐엉 씨 생일 선물을 사려고 하는데 뭘 사면 좋을까요?

나: ______________________________.

문법2 -지 말고

1. 관계있는 것을 연결하고 문장을 쓰십시오.

보기 음식을 짜게 드시지 마세요.	선풍기를 삽시다.
1) 기차로 가지 맙시다.	그냥 갑시다.
2) 늦게까지 놀지 마세요.	한국말로 이야기하세요.
3) 기다리지 맙시다.	비행기로 갑시다.
4) 에어컨은 비싸니까 사지 맙시다.	싱겁게 드세요.
5) 교실에서는 영어로 말하지 마세요.	집에 일찍 들어와라.

보기 음식을 짜게 드시지 말고 싱겁게 드세요.

1) ______________________________.

2) ______________________________.

3) ______________________________.

4) ______________________________.

5) ______________________________.

2. 대화를 만드십시오.

보기 **가:** 필요한 책이 있는데 책 살 돈이 없어.
나: 그럼 사지 말고 도서관에서 빌려서 읽어.

1) **가:** 아이스크림을 먹고 싶어.
나: 배탈이 났으니까 ______________________________.

2) **가:** 음식을 집에서 만들어 먹을까?
나: 시간이 없으니까 ______________________________.

3) **가:** 운동장에 가서 농구를 할까요?
나: 날씨가 더우니까 ______________________________.

4) **가:** 엄마, 친구를 만나러 나가도 돼요?
나: 시간이 늦었으니까 ______________________________.

5) **가:** 윤아 씨 생일 선물로 가방을 살까요?
나: 윤아 씨는 액세서리를 좋아하니까 ______________________________.

20과 <2> 그래서 사람들이 옷을 얇게 입었군요

어휘

1. 알맞은 어휘를 골라 (   ) 안에 쓰십시오.

종일	햇빛	오르다	그러면

1) 다리가 아파서 계단을 (   )기가 힘들어요.
2) 어제는 (   ) 쉬지 못하고 일만 했어요. 너무 피곤해요.
3) 배가 고프세요? (   ) 제가 빵이라도 사다가 드릴까요?
4) (   )이/가 강한 날에는 외출하기 전에 선크림을 발라야 해요.

문법1 · 접속사

1. 알맞은 어휘를 골라 (   ) 안에 쓰십시오.

그래도	그래서	그러니까	그런데	그렇지만	그리고

보기 그 신발 가게는 신발 종류가 많고 값도 싸요.

→ 그 신발 가게는 신발 종류가 많아요. (그리고) 값도 싸요.

1) 아침에 머리가 너무 아파서 약을 먹었다.

→ 아침에 머리가 너무 아팠다. (   ) 약을 먹었다.

2) 어제 숙제를 열심히 했는데 오늘 학교에 안 가지고 왔어요.

→ 어제 숙제를 열심히 했어요. (   ) 오늘 학교에 안 가지고 왔어요.

3) 그 옷은 색깔도 예쁘고 디자인도 마음에 들지만 너무 비싸다.

→ 그 옷은 색깔도 예쁘고 디자인도 마음에 든다. (   ) 너무 비싸다.

4) 내일 아침에 중요한 회의가 있으니까 늦지 말고 일찍 오세요.

→ 내일 아침에 중요한 회의가 있습니다. (   ) 늦지 말고 일찍 오세요.

5) 그 식당은 음식 값이 비싸도 음식이 맛있어서 항상 손님이 많아.

→ 그 식당은 음식 값이 비싸. (   ) 음식이 맛있어서 항상 손님이 많아.

2. 이야기를 읽고 알맞은 어휘를 고르십시오.

몇 달 전에 가족들과 같이 제주도로 여행을 갔다. 서울은 날씨가 좋아서 제주도도 날씨가 좋을 줄 알았다. 보기 (그런데, 그래서) 제주도에는 비가 많이 내렸다. **1)** (그러나, 그리고) 바람도 많이 불었다. 날씨가 안 좋아서 여행하기가 힘들 것 같았다. **2)** (하지만, 그러면) 날씨가 곧 개서 우리는 차를 타고 먼저 한라산으로 갔다. **3)** (그러니까, 왜냐하면) 제주도에 사는 윤아 씨가 한라산이 아름답다고 했기 때문이다. 등산을 한 뒤에 우리는 돼지고기를 먹으러 갔다. 돼지고기 값이 생각보다 비쌌다. **4)** (그렇지만, 그리고) 아주 맛있어서 우리는 많이 시켜서 먹었다. 다음날 우리는 제주도 바다를 구경한 후에 쇼핑을 하러 갔다. 한국말을 잘 몰라서 조금 걱정이 되었다. **5)** (그러면, 그런데) 직원이 영어로 친절하게 설명을 해 줘서 쇼핑을 잘할 수 있었다.

문법2 -을/ㄹ 테니까

1. 관계있는 것을 연결하고 문장을 쓰십시오.

보기 제가 도와 드리겠습니다.	옷을 따뜻하게 입는 것이 좋을 거예요.
1) 제가 음식을 만들겠습니다.	노라 씨와 같이 갑시다.
2) 제가 전화를 걸겠습니다.	걱정하지 마세요.
3) 날씨가 춥겠습니다.	식사부터 하세요.
4) 노라 씨가 길을 잘 모르겠습니다.	유키 씨는 음료를 사 오실래요?
5) 배가 고프시겠습니다.	전화번호를 가르쳐 주세요.

보기 제가 도와드릴 테니까 걱정하지 마세요.

1) ____________________

2) ____________________

3) ____________________

4) ____________________

5) ____________________

2. 대화를 만드십시오.

보기 **가:** 같이 놀이공원에 갈래요?
나: 좋아요. 그런데 주말에는 사람이 많을 테니까 평일에 가요.

1) **가:** 지금 11시 반인데 아직도 집에 안 들어가셨어요?
부모님께서 ________________ 을/ㄹ 테니까 ________________.
나: 알겠어요. 빨리 들어갈게요.

2) **가:** 지금 버스로 가면 약속 시간에 늦을까요?
나: 지금은 퇴근 시간이라서 ________________ 을/ㄹ 테니까 ________________.

3) **가:** 집이 너무 더러워서 청소부터 해야겠다.
내가 ________________________________.
나: 그래, 내가 쓰레기를 버릴게.

4) **가:** 내일이 노라 생일이지? 내가 ________________________________?
나: 그래, 내가 꽃을 사 가지고 갈게.

5) **가:** 유키야, 내가 영화표를 ________________________________.
나: 좋아. 뭘 먹고 싶어?

모범 답안(교재)

11-1 405번 버스로 갈아타세요

어휘

1. 1) 안전선 2) 줄을 서야 3) 스크린도어가 4) 요금을
5) 눌러야 6) 단말기 7) 노약자석은 8) 손잡이를

-다가

1) 친구: 에릭 씨, 왜 학교에 오다가 집으로 돌아갔어요?
에릭: 숙제 공책을 집에 놓고 와서 학교에 오다가 돌아갔어요.
2) 친구: 에릭 씨, 왜 일하다가 쉬었어요?
에릭: 일하다가 피곤해서 쉬었어요.
3) 친구: 에릭 씨, 왜 영화를 보다가 졸았어요?
에릭: 영화를 보다가 재미없어서 졸았어요.
4) 친구: 에릭 씨, 왜 이야기하다가 웃었어요?
에릭: 이야기하다가 재미있어서 웃었어요.
5) 친구: 에릭 씨, 왜 운동하다가 물을 마셨어요?
에릭: 운동하다가 목이 말라서 물을 마셨어요.

으로/로[3]

1) 주앙 씨가 집에 가서 양복으로 갈아입었어요.
2) 주앙 씨가 구두로 갈아 신었어요.
3) 주앙 씨가 버스를 타고 가다가 지하철로 갈아탔어요.
4) 주앙 씨가 7시 영화표로 예매했어요.
5) 주앙 씨가 극장에서 콜라로 주문했어요.

연습해 봅시다

1) 가: 학교에서 미술관까지 어떻게 가는지 아세요?
나: 네, 학교 앞에서 700번 버스를 타고 가다가 1711번 버스로 갈아타세요.
가: 어디에서 갈아타요?
나: 광화문에서 갈아타세요.
2) 가: 백화점에서 방송국까지 어떻게 가는지 아세요?
나: 네, 백화점 앞에서 지하철 2호선을 타고 가다가 7711번 버스로 갈아타세요.
가: 어디에서 갈아타요?
나: 홍대입구역에서 갈아타세요.
3) 가: 커피숍에서 코엑스까지 어떻게 가는지 아세요?
나: 네, 커피숍 앞에서 지하철 5호선을 타고 가다가 9호선으로 갈아타세요.
가: 어디에서 갈아타요?
나: 여의도역에서 갈아타세요.

11-2 빨리 가려면 서울역으로 해서 가세요

어휘

1.

보기 똑바로 가세요.	직진
1) 왼쪽으로 가세요.	주차장
2) 자동차를 세울 수 있는 곳입니다.	주차 금지
3) 건너편으로 돌아가서 내려 주세요.	유턴
4) 오른쪽으로 가세요.	우회전
5) 주차할 수 없습니다.	좌회전

6) 우회전을 7) 좌회전을 8) 유턴을

2. 생략

-으려면/려면[1]

1) 윤 아: 방학에 뭘 하고 싶어요?
존 : 저는 수영을 하고 싶어요.
윤 아: 수영하려면 학교 수영장에 전화해 보세요.
2) 윤 아: 방학에 뭘 하고 싶어요?
흐 엉: 저는 이사하고 싶어요.
윤 아: 이사하려면 먼저 인터넷으로 집을 알아보세요.
3) 윤 아: 방학에 뭘 하고 싶어요?
유 키: 저는 강릉에 여행을 가고 싶어요.
윤 아: 강릉에 여행을 가려면 고속버스를 타고 가세요.
4) 윤 아: 방학에 뭘 하고 싶어요?
에 릭: 저는 아름다운 경치 사진을 많이 찍고 싶어요.
윤 아: 아름다운 경치 사진을 찍으려면 제주도에 가세요.
5) 윤 아: 방학에 뭘 하고 싶어요?
리타오: 저는 춤을 배우고 싶어요.
윤 아: 춤을 배우려면 학교 춤 동아리를 알아보세요.

으로/로 해서

1) 친구: 주앙 씨, 집에 갈 때 어디로 해서 가요?
주앙: 저는 운동장으로 해서 가요.
2) 친구: 흐엉 씨, 집에 갈 때 어디로 해서 가요?
흐엉: 저는 편의점 앞으로 해서 가요.
3) 친구: 에릭 씨, 집에 갈 때 어디로 해서 가요?
에릭: 빵집 앞으로 해서 가요.
4) 친구: 유키 씨, 집에 갈 때 어디로 해서 가요?
유키: 세탁소 앞으로 해서 가요.
5) 친구: 노라 씨, 집에 갈 때 어디로 해서 가요?
노라: 저는 기숙사 옆으로 해서 가요.

연습해 봅시다

1) 가: 광장 시장에 가야 하는데 어떻게 가는지 알아요?
나: 네, 광장 시장에 가려면 신촌역에서 721번 버스를 타세요.
가: 그 버스는 어디로 해서 가요?
나: 종로로 해서 광장 시장에 가요.
2) 가: 을지로입구역에 가야 하는데 어떻게 가는지 알아요?
나: 네, 을지로입구역에 가려면 홍대에서 지하철 2호선을 타세요.
가: 지하철 2호선은 어디로 해서 가요?
나: 시청으로 해서 을지로입구역에 가요.
3) 가: 대한 호텔에 가야 하는데 어떻게 가는지 알아요?
나: 네, 대한 호텔에 가려면 병원 앞에서 택시를 타세요.
가: 어디로 해서 가면 빨리 갈 수 있어요?
나: 광화문으로 해서 가면 빨리 갈 거예요.

복습

1. 1) 노선도가 2) 홍대 3) 반대로 4) 쪽으로
5) 밀리네요 6) 출퇴근 7) 세워 8) 삼거리가
9) 좌회전해서
2. 1) 타고 가다가 2) 1호선으로
3) 한국 차를 마시려면 4) 종로3가로

12-1 단어를 자꾸 사용해야 기억할 수 있어

어휘

1. 1) 수업을 시작하시면 2) 수업을 듣습니다
   3) 출석해야 4) 발표해야

-어야/아야/여야

1) 에릭: 아침에 너무 늦게 일어났어요.
   우진: 일찍 자야 일찍 일어날 수 있어요.
2) 에릭: 오전에 배가 고파서 수업을 잘 듣지 못했어요.
   우진: 아침을 먹어야 수업을 잘 들을 수 있어요.
3) 에릭: 학생증이 없어서 도서관에 못 들어갔어요.
   우진: 학생증을 만들어야 도서관에 들어갈 수 있어요.
4) 우진: 저는 약속을 자꾸 잊어버려요.
   에릭: 메모를 해야 약속을 잊어버리지 않을 거예요.
5) 우진: 저는 일을 빨리 끝내지 못할 때가 많아요.
   에릭: 계획을 세워야 일을 빨리 끝낼 수 있어요.

-으면/면 되다

1) 존 : 코트를 어디에 둘까요?
   올리비아: 코트는 옷걸이에 걸면 돼요.
2) 레 오: 휴대전화 충전기를 어디에 꽂을까요?
   올리비아: 옷걸이 아래에 꽂는 곳이 있어요. 거기에 꽂으면 돼요.
3) 노 라: 케이크를 어떻게 할까요?
   올리비아: 케이크는 냉장고에 넣으면 돼요.
4) 유 키: 창문을 어떻게 열어요?
   올리비아: 손잡이를 당기면 돼요.
5) 리 타 오: 윤아 씨가 왔어요.
   올리비아: '문 열림' 버튼을 누르면 돼요.

연습해 봅시다

1) 가: 저는 광장 시장에 가고 싶어요.
   나: 반대쪽으로 가야 광장 시장에 가는 버스를 탈 수 있어요.
   가: 반대쪽으로 어떻게 가나요?
   나: 지하도로 건너면 돼요.
2) 가: 저는 스키를 타 보고 싶어요.
   나: 스키장에 가야 스키를 탈 수 있어요.
   가: 스키장에 어떻게 가나요?
   나: 강남역 앞에서 스키장에 가는 버스를 타면 돼요.
3) 가: 저는 수영복을 사고 싶어요.
   나: 스포츠용품 매장으로 가셔야 수영복을 사실 수 있어요.
   가: 스포츠용품 매장은 어디에 있나요?
   나: 6층으로 올라가시면 돼요.

12-2 직접 오시거나 인터넷으로 신청서를 내세요

어휘

1. 1) 신청 기간은 2) 등록금은 3) 취소를 4) 휴학을

-는데요/은데요/ㄴ데요

1) 남 자: 한국에 여행을 오셨어요?
   올리비아: 저는 한국에서 일하고 있는데요.
   남 자: 아, 그러세요?
2) 남 자: 무슨 일을 하세요?
   올리비아: 저는 호주 대사관에서 일하는데요.
   남 자: 아, 그러세요?
3) 남 자: 가족들도 한국에 있어요?
   올리비아: 가족은 호주에 있는데요.
   남 자: 아, 그러세요?
4) 남 자: 한국말을 배우신 지 얼마나 되셨어요?
   올리비아: 6개월 됐는데요.
   남 자: 아, 그러세요?
5) 남 자: 제주도에 가 보셨어요?
   올리비아: 아직 못 가 봤는데요.
   남 자: 아, 그러세요?

-거나

1) 친 구: 기분이 안 좋을 때 무엇을 하면 기분이 좋아져요?
   노 라: 초콜릿을 먹거나 가족 사진을 보면 기분이 좋아져요.
2) 친 구: 기분이 안 좋을 때 무엇을 하면 기분이 좋아져요?
   존 : 농구를 하거나 운전을 하면 기분이 좋아져요.
3) 친 구: 기분이 안 좋을 때 무엇을 하면 기분이 좋아져요?
   리 타 오: 텔레비전을 보거나 춤을 추면 기분이 좋아져요.
4) 친 구: 기분이 안 좋을 때 무엇을 하면 기분이 좋아져요?
   올리비아: 강아지와 산책을 하거나 쇼핑을 하면 기분이 좋아져요.
5) 친 구: 기분이 안 좋을 때 무엇을 하면 기분이 좋아져요?
   레 오: 커피를 마시거나 샤워를 하면 기분이 좋아져요.

연습해 봅시다

1) 가: 다음 달 등록을 취소하고 싶은데요.
   나: 여기에 이름과 전화번호를 쓰세요.
   가: 두 달 후에 다시 등록하려면 어떻게 해야 해요?
   나: 홈페이지에서 신청하시거나 직접 오셔서 신청하세요.
2) 가: 동대문 시장에 가고 싶은데요.
   나: 지하철 2호선을 타고 가세요.
   가: 버스로 가려면 몇 번 버스를 타야 해요?
   나: 270번 버스를 타거나 721번 버스를 타세요.
3) 가: 넥타이를 사고 싶은데요.
   나: 이쪽에서 고르세요.
   가:친구가 좋아하지 않으면 교환할 수 있어요?
   나: 네, 여기로 오시거나 명동에 있는 백화점에 가서 교환을 하세요.

복습

1. 1) 홈페이지 2) 사용하 3) 직접 4) 잊어버리
   5) 자꾸 6) 신청서를 7) 내야 8) 외우
2. 1) 춤을 배우고 싶은데 2) 신청하면 돼
   3) 전화해 보거나 4) 직접 가 봐야

13-1 우선 통장부터 만드셔야 합니다

어휘

1. 1) 리타오: 환전을 하려고 해요. 중국 돈을 한국 돈으로 바꿀 거예요.
   2) 노 라: 공과금을 내려고 해요. 전화 요금을 낼 거예요.
   3) 존 : 현금 자동 인출기에서 돈을 찾아요.
   4) 레 오: 저금을 하고 있어요.

부터

1) 존 : 저는 집에 가면 옷부터 갈아입어요.
2) 에 릭: 저는 집에 가면 노트북부터 켜요.
3) 올리비아: 저는 집에 가면 창문부터 열어요.
4 유 키: 저는 집에 가면 어머니께 전화부터 드려요.
5) 노 라: 저는 집에 가면 숙제부터 해요.

-는 동안

1) 레오 씨가 아침을 먹는 동안 레오 씨의 아내는 커피를 마셔요.
2) 레오 씨가 한국어를 공부하는 동안 레오 씨의 아내는 회사에서 일해요.
3) 레오 씨가 식당에서 일하는 동안 레오 아내는 빨래를 해요.
4) 레오 씨가 집에 오는 동안 레오 씨의 아내는 아이와 놀아 줘요.
5) 레오 씨가 숙제하는 동안 레오 씨의 아내는 텔레비전을 봐요.

연습해 봅시다

1) 가: 흐엉 씨, 언제 유럽 여행을 갈 거예요?
나: 다음 달에 유럽 여행을 가요.
가: 유럽 여행을 하는 동안 어디에 먼저 가고 싶어요?
나: 프랑스 파리부터 가고 싶어요.
2) 가: 유키 씨, 언제 고향에 돌아가요?
나: 크리스마스에 고향에 돌아갈 거예요.
가: 고향에서 지내는 동안 무엇을 먼저 하고 싶어요?
나: 고향 음식부터 먹고 싶어요.
3) 가: 노라 씨, 언제 방학을 해요?
나: 12월 19일에 방학을 해요.
가: 쉬는 동안 무엇을 먼저 하고 싶어요?
나: 좋아하는 드라마부터 보고 싶어요.

13-2 항공편으로 부치실 건가요?

어휘

1. 1) 택배 2) 봉투 3) 주소와 4) 우편번호를
2. 생략

-을/ㄹ 건가요?

1) 레오: 저는 서점에 가야 해요.
흐엉: 무슨 책을 살 건가요?
레오: 한국 요리 책을 살 거예요.
2) 유키: 저는 영화를 볼 거예요.
흐엉: 무슨 영화를 볼 건가요?
유키: 코미디 영화를 볼 거예요.
3) 에릭: 저는 회사에 가서 일해야 해요.
흐엉: 몇 시까지 일할 건가요?
에릭: 5시까지 일할 거예요.
4) 노라: 저는 발표 준비를 해야 해요.
흐엉: 어디에서 발표 준비를 할 건가요?
노라: 도서관에서 할 거예요.
5) 존 : 저는 바다를 보러 갈 거예요.
흐엉: 뭘 타고 갈 건가요?
존 : 기차를 타고 갈 거예요.

이나/나²

1) 흐 엉: 콘서트를 보러 사람들이 이만 명쯤 왔어요.
리타오: 이만 명이나요? 많이 왔네요.
2) 흐 엉: 콘서트를 하는 동안 가수가 옷을 스무 벌쯤 갈아입었어요.
리타오: 스무 벌이나요? 많이 갈아입었네요.
3) 리타오: 저는 어제 춤 연습을 일곱 시간 동안 했어요.
흐 엉: 일곱 시간이나요? 연습을 많이 했네요.
4) 리타오: 춤 연습을 하는 동안 물을 여섯 병쯤 마셨어요.
흐 엉: 여섯 병이나요? 많이 마셨네요.
5) 리타오: 연습을 하고 너무 배가 고파서 자장면을 세 그릇 먹었어요.
흐 엉: 세 그릇이나요? 많이 먹었네요.

연습해 봅시다

1) 가: 오늘 공항에 갈 거예요.
나: 뭘 타고 갈 건가요?
가: 버스를 타고 갈 거예요. 지하철을 타면 세 번 갈아타야 해요.
나: 세 번이나요?
2) 가: 11월 16일이 여자 친구 생일이에요.
나: 뭘 선물할 건가요?
가: 장미꽃 100송이를 선물할 거예요.
나: 100송이나요?
3) 가: 점심을 먹으러 가요.
나: 햄버거를 먹을 건가요?
가: 아니요, 김밥을 먹을 거예요. 어제 햄버거를 네 개 먹었어요.
나: 네 개나요?

◆ 복습

1.

은행	우체국
비밀번호, 체크카드, 통장, 서명하다	배편, 상자, 소포, 저울, 항공편, 부치다, 서명하다, 올려놓다, 포장하다

은행에 가서 통장을 만들었어요. 체크카드가 있으면 편리할 것 같아서 체크카드도 만들었어요. 통장과 카드를 만들 때 비밀번호가 필요했어요.

2. 1) 30분이나요? 2) 기다리는 동안
3) 어느 나라 돈으로 바꾸실 건가요? 4) 신청서부터

14-1 직원이 이 제품이 제일 인기가 많다고 했어

어휘

1. 1) 음악을 듣다 2) 게임하다 3) 사진을 찍다
4) 녹음하다 5) 계산하다 6) 동영상을 보다
7) 동영상을 찍다 8) 위치를 검색하다

-는다고/ㄴ다고/다고 하다

1) 존 씨는 화요일에 약속이 있다고 해요. 수요일은 괜찮다고 해요.
2) 레오 씨는 시험이 끝나면 집에 일찍 가서 쉬고 싶을 것 같다고 해요.
3) 올리비아 씨는 화요일 오후에 부모님이 오신다고 해요. 그래서 올리비아 씨는 점심을 같이 먹을 수 없다고 해요.

4) 리타오 씨는 그날이 룸메이트 생일이라고 해요. 생일 파티에 가야 한다고 해요.
5) 에릭 씨는 메시지를 늦게 확인했다고 해요. 화요일에 오지 못하는 친구들이 있으니까 다른 요일로 바꾸면 좋겠다고 해요.

-냐고 하다

1) 제 친구가 저것은 뭘 할 때 사용하냐고 해요.
2) 제 친구가 이 공책은 무엇으로 만들었냐고 해요.
3) 제 친구가 이 과자를 먹어 봐도 되냐고 해요.
4) 제 친구가 저건 얼마냐고 해요.
5) 제 친구가 양말은 없냐고 해요.

☆ 연습해 봅시다

1) 가: 존 씨, 도서관에 가서 뭘 물어봤어요?
   나: 직원에게 빌릴 수 있는 책이 몇 권이냐고 물어봤어요.
   가: 직원이 뭐라고 했어요?
   나: 직원이 저에게 다섯 권이라고 했어요.
2) 가: 노라 씨, 체육관에 가서 뭘 물어봤어요?
   나: 직원에게 몇 시까지 운동할 수 있냐고 물어봤어요.
   가: 직원이 뭐라고 했어요?
   나: 직원이 저에게 오후 11시까지 할 수 있다고 했어요.
3) 가: 리타오 씨, 동아리 방에 가서 뭘 물어봤어요?
   나: 선배에게 외국인도 동아리에 들어갈 수 있냐고 물어봤어요.
   가: 선배가 뭐라고 했어요?
   나: 선배가 저에게 그 동아리에 외국인도 많다고 했어요.

14-2 다 함께 소풍을 가자고 해

☆ 어휘

1. 1) 받았습니다 2) 답장을 3) 남겼습니다 4) 확인하
2. 생략

-자고 하다

1) 리타오 씨가 좋다고 해요. 놀이공원에 가자고 해요.
2) 에릭 씨가 복잡하니까 놀이공원에 가지 말자고 해요. 한강 공원에 가서 놀자고 해요.
3) 흐엉 씨가 거기에서 자전거를 빌릴 수 있으니까 같이 자전거도 타자고 해요.
4) 존 씨가 출발하기 전에 편의점에서 먹을 것을 좀 사자고 해요.
5) 노라 씨가 윤아도 좋아할 것 같으니까 연락해서 같이 가자고 해요.

-으라고/라고 하다

1) 리타오: 아버지께서 일찍 일어나야 하니까 늦게 자지 말라고 하셨어요.
2) 에 릭: 어머니께서 돈을 많이 쓰지 말라고 하셨어요. 꼭 필요한 것을 사라고 하셨어요.
3) 존 : 아버지께서 책을 읽으면 아는 것이 많아지니까 좋은 책을 많이 읽으라고 하셨어요.
4) 흐 엉: 어머니께서 동생하고 싸우지 말라고 하셨어요. 동생하고 잘 지내라고 하셨어요.
5) 노 라: 아버지께서 운동을 해야 건강해지니까 날마다 운동을 하라고 하셨어요.

☆ 연습해 봅시다

1) 가: 리타오에게서 문자 메시지가 왔어.
   나: 리타오가 뭐라고 해?
   가: 레오 씨의 생일 선물을 같이 사자고 해.
   나: 그럼 리타오한테 백화점 앞에서 기다리라고 해.
2) 가: 노라 씨에게서 문자 메시지가 왔어.
   나: 노라 씨가 뭐라고 해?
   가: 같이 영화를 보자고 해.
   나: 그럼 노라 씨한테 재미있는 영화를 알아보라고 해.
3) 가: 존에게서 문자 메시지가 왔어.
   나: 존이 뭐라고 해?
   가: 저녁을 먹고 공원에서 농구를 하자고 해.
   나: 그럼 존한테 농구공을 가지고 오라고 해.

◆ 복습

1. 1) 서비스 센터 2) 고치면 3) 검색할 4) 속도가 5) 캠핑장 6) 바비큐 7) 데려왔다 8) 방금
2. 1) 송별회를 해 주자고 해요.
   2) 무슨 요일에 모이는 게 좋냐고 해요.
   3) 금요일에 일이 늦게 끝날 거라고 해요.
   4) 그곳으로 찾아오라고 할게요.

15-1 팀장님께서 식당을 예약해 달라고 하셨어요

☆ 어휘

1. 1) 예약 날짜는 2) 예약 시간은 3) 연락처를
2. 1) 학기 초, 첫 수업 2) 주말, 연휴 3) 주말, 연말 4) 평일

어/아/여 달라고(주라고)하다

1) 리타오 씨가 존 씨에게 인터넷으로 가수 리아의 '안녕' 노래를 검색해 달라고 합니다.
2) 존 씨가 노라 씨에게 가방에서 존 씨 휴대전화를 꺼내 달라고 합니다.
3) 노라 씨가 올리비아 씨에게 휴대전화를 존 씨에게 전해 주라고 합니다.
4) 올리비아 씨가 유키 씨에게 유키 씨가 노래를 잘하니까 노래를 불러 달라고 합니다.
5) 유키가 에릭 씨에게 유키 씨가 노래를 부르는 동안 동영상을 찍어 달라고 합니다.

이라서/라서

1) 에릭: 왜 사무실에 직원들이 없어요?
   직원: 점심 시간이라서 다른 직원들은 식사하러 갔어요.
2) 에릭: 왜 작게 말해요?
   우진: 회의 중이라서 큰 소리로 말할 수 없어요.
3) 에릭: 왜 케이크를 만들어요?
   윤아: 조카 생일이라서 케이크를 만들어요.
4) 에릭: 왜 저렇게 길이 막혀요?
   친구: 추석 연휴라서 고향에 가는 사람들이 많아요.
5) 에릭: 왜 백화점이 복잡해요?
   친구: 세일 마지막 날이라서 사람들이 많아요.

☆ 연습해 봅시다

1) 가: 리타오 씨가 뭐라고 했어요?
   나: 어제 산 파란색 티셔츠를 까만색 티셔츠로 바꿔 달라고 했어요.
   가: 왜 리타오 씨가 직접 바꾸러 가지 않아요?
   나: 아르바이트하는 날이라서 시간이 없다고 해요.
2) 가: 노라 씨가 뭐라고 했어요?
   나: 지금 오고 있으니까 기다려 달라고 했어요.
   가: 왜 노라 씨는 빨리 오지 못해요?
   나: 퇴근 시간이라서 차가 많이 밀린다고 해요.
3) 가: 올리비아 씨가 뭐라고 했어요?
   나: 12월 30일에 하는 파티에 모두 와 달라고 했어요.
   가: 올리비아 씨는 왜 그날 파티를 해요?
   나: 연말이라서 친구들과 꼭 파티를 해야 한다고 해요.

15-2 치킨 한 마리만 배달해 주세요

☆ 어휘

1. 생략
2. 생략

만

1) 에　　릭: 주말에 뭘 했어요?
   존　　　: 저는 게임만 했어요.
2) 에　　릭: 주말에 뭘 했어요?
   흐　　엉: 아르바이트만 했어요.
3) 에　　릭: 주말에 뭘 했어요?
   올리비아: 저는 책만 읽었어요.
4) 에　　릭: 주말에 뭘 했어요?
   유　　키: 저는 잠만 잤어요.
5) 에　　릭: 주말에 뭘 했어요?
   노　　라: 저는 청소만 했어요.

-었던/았던/였던

1) 윤아 씨는 아홉 살 때 극장에 처음 가서 봤던 영화를 잊을 수 없다고 해요.
2) 주앙 씨는 스무 살 때 혼자 갔던 여행을 잊을 수 없다고 해요.
3) 존 씨는 지난 학기에 한국어로 발표했던 날을 잊을 수 없다고 해요.
4) 노라 씨는 3년 전에 태권도를 처음 가르쳐 주셨던 최 선생님을 잊을 수 없다고 해요.
5) 에릭 씨는 어렸을 때 살았던 시골 집을 잊을 수 없다고 해요.

☆ 연습해 봅시다

1) 가: 라면 한 그릇만 주세요.
   나: 네, 더 필요한 건 없으세요?
   가: 음, 지난번에 먹었던 떡볶이도 맛있었어요. 그것도 주세요.
   나: 네, 금방 드리겠습니다.
2) 가: 피자 한 판만 배달해 주세요.
   나: 네, 더 필요한 건 없으세요?
   가: 지난번에 먹었던 스파게티도 맛있었어요. 그것도 주세요.
   나: 네, 금방 배달해 드리겠습니다.
3) 가: 리타오 씨, 편의점에 가지요? 김밥 한 줄만 사 주세요.
   나: 네, 더 필요한 건 없어요?
   가: 지난번에 마셨던 바나나 우유도 맛있었어요. 그것도 사 주세요.
   나: 네, 금방 갔다가 올게요.

◆ 복습

1. 1) 메뉴를　2) 선택　3) 서비스　4) 지난번　5) 금방
   6) 신용카드로　7) 중요한　8) 결제할　9) 이상이
2. 1) 한 그릇만　2) 오셨던　3) 휴가라서
   4) 차를 준비해 달라고 하세요.

16-1 열이 나는 데다가 두통도 심해요

☆ 어휘

1.

보기 목이 쉬다	음식을 많이 먹지 못했어요.
1) 두통이 심하다	목소리가 잘 나오지 않았어요.
2) 변비가 있다	며칠 동안 잠을 못 잤어요.
3) 소화가 안 되다	몸이 떨렸어요.
4) 열이 나다	화장실에 못 갔어요.

2. 1) 사고가　2) 냄새가　3) 배탈이　4) 피가

-는/은/ㄴ 데다가

1) 어머니: 요즘 건강은 어떠니?
   에　릭: 감기에 걸려서 콧물이 나는 데다가 기침도 많이 해요.
2) 어머니: 서울은 어떠니?
   에　릭: 서울은 깨끗한 데다가 교통도 편리해서 좋아요.
3) 어머니: 집은 어떠니?
   에　릭: 집이 회사와 가까운 데다가 넓어서 좋아요.
4) 어머니: 회사는 어떠니?
   에　릭: 월급이 많은 데다가 회사 분위기도 좋아요.
5) 어머니: 회사 식당은 어떠니?
   에　릭: 음식이 싼 데다가 맛있어서 좋아요.

ㅅ 동사

1) 국에다가 물을 좀 부어 보세요.
2) 경복궁은 1395년에 지었어요.
3) 카레를 잘 저으면서 끓여야 해요.
4) 두 줄을 이으세요.
5) 모르는 단어에 밑줄을 그으면서 읽으세요.

☆ 연습해 봅시다

1) 가: 건강은 좀 어때요?
   나: 열이 나는 데다가 콧물도 많이 나요.
   가: 약을 먹고 푹 자면 나을 거예요.
   나: 네, 알겠어요.
2) 가: 커피가 어때요?
   나: 맛이 쓴 데다가 너무 뜨거워요.
   가: 커피에다가 설탕을 좀 넣고 잘 저어서 드세요.
   나: 네, 알겠어요.
3) 가: 김치찌개가 어때요?

나: 김치찌개가 매운 데다가 너무 짜요.
가: 그럼 물을 붓고 조금 더 끓이세요.
나: 네, 알겠어요.

16-2 우선 상처에 이 소독약이라고 바르세요

어휘

1.

보기 음식을 너무 급하게 먹어서 소화가 안 돼요.	기침약
1) 상처에서 피가 나요.	변비약
2) 기침을 많이 해요.	소독약
3) 화장실에 못 간 지 오래 됐어요.	두통약
4) 아침부터 머리가 너무 아파요.	소화제

이라도/라도

1) 에릭: 출장을 가야 해서 흐엉 씨 생일 파티에 못 갈 것 같아요.
   나 : 그럼 흐엉 씨에게 선물이라도 주세요.
2) 에릭: 목이 부어서 음식을 먹기가 힘들어요.
   나 : 그럼 따뜻한 차라도 드세요.
3) 에릭: 부산에 가려고 하는데 기차표가 없어요.
   나 : 그럼 고속버스라도 타고 가세요.
4) 에릭: 에어컨은 비싸서 못 살 것 같아요.
   나 : 그럼 선풍기라도 사세요.
5) 에릭: 너무 바빠서 병원에 갈 시간이 없어요.
   나 : 그럼 약이라도 드세요.

-지 않으면 안 되다

1) 리타오: 3급에 가려면 어떻게 해야 해요?
   나 : 시험을 다 보지 않으면 안 돼요.
2) 리타오: 3급에 가려면 어떻게 해야 해요?
   나 : 시험 점수를 60점 이상 받지 않으면 안 돼요.
3) 리타오: 토픽(TOPIK) 시험을 보려면 어떻게 해야 해요?
   나 : 홈페이지에서 신청하지 않으면 안 돼요.
4) 리타오: 토픽(TOPIK) 시험을 보려면 어떻게 해야 해요?
   나 : 사진과 신분증을 준비하지 않으면 안 돼요.
5) 리타오: 토픽(TOPIK) 시험을 보려면 어떻게 해야 해요?
   나 : 결제 기간에 돈을 내지 않으면 안 돼요.

연습해 봅시다

1) 가: 시험을 잘 보려면 예습과 복습을 꼭 해야 해요?
   나: 네, 예습과 복습을 하지 않으면 안 돼요.
   가: 저는 아르바이트 때문에 바쁜데요.
   나: 그럼 단어라도 열심히 외우세요.
2) 가: 하와이로 여행을 가고 싶은데 여권을 꼭 만들어야 해요?
   나: 네, 여권을 만들지 않으면 안 돼요.
   가: 저는 여권을 만들러 갈 시간이 없는데요.
   나: 그럼 여권이 필요 없는 제주도에라도 가세요.
3) 가: 몸무게를 줄이고 싶은데 운동을 꼭 해야 해요?
   나: 네, 운동을 하지 않으면 안 돼요.
   가: 저는 늦게까지 일을 해서 운동할 시간이 없는데요.
   나: 그럼 음식이라도 적게 드세요.

복습

1. 1) 소독약을 2) 발라 3) 심하 4) 치료를
   5) 두통 6) 콧물 7) 부었다고 8) 감기
2. 1) 늦게까지 수업을 들은 2) 식사를 잘하
   3) 목이 부어서 4) 따뜻한 차라도

17-1 영화 보는 것만큼 재미있는 게 없어요

어휘

1. 1) 공포영화 2) 만화 영화 3) 멜로 영화 4) 공상 과학 영화

만큼

1) 세계에서 에베레스트산만큼 높은 산은 없어요.
2) 세계에서 바티칸 시국만큼 작은 나라는 없어요.
3) 세계에서 치타만큼 빨리 달리는 동물은 없어요.
4) 세계에서 그린란드만큼 큰 섬은 없어요.
5) 세계에서 아마존강만큼 긴 강은 없어요.

-어도/아도/여도

1) 가: 비가 오는데 에릭 씨가 운동을 할까요?
   나: 에릭 씨는 비가 와도 운동을 할 거예요.
2) 가: 에릭 씨가 배가 고픈데 수업 시간에 샌드위치를 안 먹을까요?
   나: 에릭 씨는 배가 고파도 수업 시간에 샌드위치를 안 먹을 거예요.
3) 가: 에릭 씨가 바쁜데 친구 결혼식에 갈까요?
   나: 에릭 씨는 바빠도 친구 결혼식에 갈 거예요.
4) 가: 에릭 씨가 피곤한데 다른 사람을 도와줄까요?
   나: 에릭 씨는 피곤해도 다른 사람을 도와줄 거예요.
5) 가: 가방이 비싼데 에릭 씨가 여자 친구에게 가방을 사 줄까요?
   나: 가방이 비싸도 에릭 씨는 여자 친구에게 가방을 사 줄 거예요.

연습해 봅시다

1) 가: 리타오 씨는 무슨 음식을 제일 좋아해요?
   나: 김치찌개만큼 제가 좋아하는 음식은 없어요.
   가: 김치찌개는 맵지 않아요?
   나: 매워도 맛있어서 자주 먹어요.
2) 가: 하늘 씨는 무슨 음악을 제일 좋아해요?
   나: 록 음악만큼 제가 좋아하는 음악은 없어요.
   가: 록 음악은 좀 시끄럽지 않아요?
   나: 시끄러워도 들으면 기분이 좋아져서 자주 들어요.
3) 가: 주앙 씨는 무슨 음식을 제일 좋아해요?
   나: 라면만큼 제가 좋아하는 음식은 없어요.
   가: 라면은 건강에 나쁘지 않아요?
   나: 건강에 나빠도 맛있고 요리하기가 편해서 자주 먹어요.

17-2 이 피아노는 어머니께서 치시던 거야

어휘

1. 1) 키우십니다 2) 쳤습니다 3) 하 4) 봅니다

-을/ㄹ 줄 알다(모르다)

1) 주인: 오토바이를 탈 줄 알아요?

주앙: 네, 오토바이를 탈 줄 알아요.
2) 주인: 떡볶이를 만들 줄 알아요?
주앙: 아니요, 떡볶이를 만들 줄 몰라요.
3) 주인: 팩스로 서류를 보낼 줄 알아요?
주앙: 네, 팩스로 서류를 보낼 줄 알아요.
4) 주인: 한글 프로그램을 사용할 줄 알아요?
주앙: 아니요, 한글 프로그램을 사용할 줄 몰라요.
5) 주인: 홈페이지에 사진과 동영상을 올릴 줄 알아요?
주앙: 네, 홈페이지에 사진과 동영상을 올릴 줄 알아요.

-던

1) 에릭 씨의 옷은 형이 입던 옷입니다.
2) 에릭 씨의 넥타이는 삼촌이 매던 넥타이입니다.
3) 에릭 씨의 가방은 친구가 들고 다니던 가방입니다.
4) 에릭 씨의 구두는 남동생이 신던 구두입니다.
5) 에릭 씨의 노트북은 여동생이 쓰던 노트북입니다.

☆ 연습해 봅시다

1) 가: 드럼을 칠 줄 알아?
나: 응, 칠 줄 알아.
가: 이 드럼은 네 거야?
나: 학교 친구가 치던 것인데 지금은 내가 치고 있어.
2) 가: 스케이트를 탈 줄 알아?
나: 응, 탈 줄 알아.
가: 이 스케이트는 네 거야?
나: 언니가 타던 것인데 지금은 내가 타고 있어.
3) 가: 기타를 칠 줄 알아?
나: 응, 칠 줄 알아.
가: 이 기타는 네 거야?
나: 리타오가 치던 것인데 지금은 내가 치고 있어.

◆ 복습

1. 1) 조깅해요 2) 아무리 3) 낚시했어요
4) 피아노를 5) 무료로 6) 친다
2. 1) 만들 줄 알아 2) 만들어 주시던 3) 우리 어머니만큼
4) 시간이 오래 걸려도

18-1 무슨 일이든지 미리 계획을 세우는 게 좋아

☆ 어휘

1. 1) 계획을 세워요 2) 계획을 취소했어요
3) 계획을 연기했어요 4) 계획을 바꾸었어요
2. 1) 속은 2) 아이 3) 바깥 4) 어른이

-던데요

1) 에릭 : 주앙 씨 지난 주말에 뭘 했어요?
주앙 : 저는 놀이공원에 갔어요. 아이들이 아주 많던데요.
2) 에릭: 올리비아 씨, 지난 주말에 뭘 했어요?
주앙: 택시를 타고 남산에 갔어요. 길이 복잡하던데요.
3) 에릭: 유키 씨, 지난 주말에 뭘 했어요?
유키: 저는 윤아 씨 집에 갔어요. 윤아 씨가 피아노를 잘 치던데요.
4) 에릭 : 존 씨, 지난 주말에 뭘 했어요?
존: 설악산에 등산을 갔어요. 경치가 아주 아름답던데요.
5) 에릭 : 노라 씨, 지난 주말에 뭘 했어요?
노라: 저는 리타오 씨와 함께 노래방에 갔어요. 리타오 씨가 노래를 잘 하던데요.

이든지/든지

1) 주앙: 윤아 씨, 무엇을 먹고 싶어요?
윤아: 맵지 않으면 무슨 음식이든지 좋아요.
2) 주앙: 윤아 씨, 어떤 집으로 이사하고 싶어요?
윤아: 학교에서 가까우면 어디든지 괜찮아요.
3) 주앙: 윤아 씨, 어떤 아르바이트를 하고 싶어요?
윤아: 일이 힘들지 않으면 어떤 일이든지 하고 싶어요.
4) 주앙: 윤아 씨, 무슨 선물을 받고 싶어요?
윤아: 디자인이 예쁘면 뭐든지 좋아요.
5) 주앙: 삼겹살을 얼마나 먹을 수 있어요?
윤아: 배가 고프면 얼마든지 먹을 수 있어요.

☆ 연습해 봅시다

1) 가: 존 씨, 레오 씨가 만든 음식이 어땠어요?
나: 아주 맛있던데요.
가: 레오 씨는 무슨 음식을 잘 만들어요?
나: 무슨 음식이든지 잘 만들어요.
2) 가: 노라 씨, 지난 주말에 본 영화가 어땠어요?
나: 아주 재미있던데요.
가: 그 영화는 아이들도 볼 수 있어요?
나: 그럼요, 누구든지 볼 수 있어요.
3) 가: 흐엉 씨, 어제 간 도서관이 어땠어요?
나: 깨끗하고 책도 많던데요.
가: 저도 그 도서관에 들어갈 수 있어요?
나: 그럼요, 누구든지 들어갈 수 있어요.

18-2 졸업이 두 달밖에 안 남았네요

☆ 어휘

1. 1) 매일 2) 매주 3) 매달 4) 매년
2. 1) 졸업하 2) 입학해서 3) 대학원 4) 고등학교

밖에

1) 친 구: 리타오 씨, 어제 운동을 많이 했어요?
리타오: 아니요, 운동을 10분밖에 안 했어요.
2) 친 구: 어제 모임에 학생들이 많이 왔어요?
리타오: 아니요, 두 명밖에 안 왔어요.
3) 친 구: 리타오 씨, 운동화가 몇 켤레 있어요?
리타오: 두 켤레밖에 없어요.
4) 친 구: 리타오 씨, 점심에 뭘 먹었어요?
리타오: 빵 하나밖에 못 먹었어요.
5) 친 구: 지갑에 돈이 많이 있어요?
리타오: 아니요, 돈이 천 원밖에 없어요.

-을/ㄹ 줄 알았어요

1) 친구: 유키 씨, 어제 본 콘서트에 사람이 많았어요?
유키: 저는 콘서트에 사람이 많을 줄 알았어요. 그런데 생각보다 사람이 많지 않았어요.

2) 친 구: 어제 먹은 떡볶이가 어땠어요?
존 : 저는 떡볶이가 매울 줄 알았어요.
그런데 별로 맵지 않았어요.
3) 친 구: 에릭 씨, 주앙 씨가 농구를 잘했어요?
에 릭: 저는 주앙이 농구를 잘할 줄 알았어요.
그런데 잘 못했어요.
4) 친 구: 존 씨. 제주도 날씨가 어땠어요?
리타오: 저는 제주도에 눈이 올 줄 알았어요.
그런데 날씨가 좋았어요.
5) 친 구: 흐엉 씨, 하늘 씨가 어제 뭘 했어요?
흐 엉: 저는 하늘이가 도서관에서 공부할 줄 알았어요.
그런데 게임을 하고 있었어요.

☆ 연습해 봅시다

1) 가: 듣기 시험을 잘 봤어요?
나: 아니요, 60점밖에 못 받았어요..
가: 시험이 어려웠어요?
나: 네, 쉬울 줄 알았는데 생각보다 어려웠어요.
2) 가: 요리할 때 시간이 많이 걸렸어요?
나: 아니요, 15분밖에 안 걸렸어요.
가: 불고기 만들기가 어땠어요?
나: 만들기가 어려울 줄 알았는데 별로 어렵지 않았어요.
3) 가: 노라 씨, 책을 많이 읽었어요?
나: 아니요, 10쪽밖에 못 읽었어요.
가: 그 책이 재미있어요?
나: 재미있을 줄 알았는데 별로 재미없었어요.

◆ 복습

1. 1) 학원 2) 결정하 3) 벌어서 4) 한 5) 경험이
6) 출국하세요? 7) 쌓은
2. 1) 두 병밖에 없어요.
2) 무슨 음식이든지 좋아요.
3) 요리를 잘하는 줄 알았어요.
4) 불고기를 잘 만들던데요.

19-1 며칠이나 계셨어요?

☆ 어휘

1. 1) 일정 2) 교통편 3) 항공권 4) 기념품

첫째 날에는 바닷가에서 산책을 하고 수영을 할 거예요. 둘째 날에는 유명한 곳을 구경하고 맛있는 음식을 먹을 거예요. 셋째 날에는 시장에서 쇼핑을 할 거예요. 부산에 갈 때 비행기로 갈 거예요. 왕복 항공권을 예매하려고 해요. 잠은 호텔에서 잘 거예요. 친구와 같이 가니까 2인 1실로 예약을 할 거예요. 바다가 보이는 방으로 예약하고 싶어요. 제가 운전을 잘하니까 렌터카를 빌려서 여행을 할 거예요. 그리고 아프거나 사고가 날 수 있으니까 여행자 보험에 들 거예요. 부산에서 친구들에게 줄 기념품도 살 거예요. 바다 사진이 있는 엽서가 좋을 것 같아요.

이나/나³

1) 리포터: 옷이 몇 벌이나 있으세요?
리 아: 백 벌쯤 있어요.
2) 리포터: 지금까지 콘서트를 몇 번이나 하셨어요?
리 아: 서른 번 했어요.
3) 리포터: 강아지를 몇 마리나 키우세요?
리 아: 다섯 마리 키워요.
4) 리포터: 한 달에 책을 몇 권이나 읽으세요?
리 아: 두 권쯤 읽어요.
5) 리포터: 결혼하신 지 몇 년이나 되셨어요?
리 아: 삼 년 됐어요.

-은/ㄴ 뒤에

1) 식사를 할 때는 윗사람이 식사를 시작하신 뒤에 아랫사람이 먹어야 해요.
2) 다른 사람의 집에 갈 때는 미리 전화를 한 뒤에 가야 해요.
3) 지하철을 탈 때는 사람들이 내린 뒤에 타야 해요.
4) 수영을 할 때는 먼저 준비 운동을 한 뒤에 해야 해요.
5) 음식을 먹을 때는 손을 씻은 뒤에 먹어야 해요.

☆ 연습해 봅시다

1) 가: 지난 주말에 집들이를 했지? 손님이 몇 명이나 왔어?
나: 7명 왔어.
가: 식사를 한 뒤에 뭘 했어?
나: 노래방에 가서 노래를 불렀어.
2) 가: 지난 주말에 부산에 갔지? 서울에서 부산까지 시간이 얼마나 걸렸어?
나: KTX로 2시간 40분 걸렸어.
가 :부산에 도착한 뒤에 뭘 했어?
나: 시장을 구경했어.
3) 가: 지난 주말에 서점에 갔지? 책을 몇 권이나 샀어?
나: 세 권 샀어.
가: 책을 산 뒤에 뭘 했어?
나: 극장에 가서 영화를 봤어.

19-2 해외여행을 가기로 했는데 어디로 가면 좋을까?

☆ 어휘

1.

보기 국내 여행	여러 사람들과 같이 다니면서 여행을 해요.
1) 단체 관광	선생님과 학생들이 같이 가는 여행이에요.
2) 자유 여행	직접 비행기 표와 호텔을 예약해요. 그리고 갈 곳도 내가 결정해서 여행을 해요.
3) 배낭여행	외국에 나가지 않고 우리나라에서 여행을 해요.
4) 수학여행	배낭에 꼭 필요한 것만 넣어 가지고 여행을 다녀요.

-기로 하다

1) 가: 언제 하기로 했어?
나: 2월 25일 금요일 저녁 7시에 하기로 했어.
2) 가: 회비는 얼마를 내기로 했어?
나: 20,000원을 내기로 했어.

3) 가: 뭘 하기로 했어?
나: 식사를 한 뒤에 사진과 동영상을 같이 보기로 했어.
4) 가: 선물은 뭘 준비하기로 했어?
나: 케이크를 준비하기로 했어.
5) 가: 연락은 어떻게 하기로 했어?
나: 문자 메시지를 보내기로 했어.

-자마자

1) 에릭 씨는 한국어학당에 가자마자 편의점에서 아침을 먹습니다.
2) 에릭 씨는 수업이 끝나자마자 회사에 갑니다.
3) 에릭 씨는 퇴근하자마자 운동을 하러 갑니다.
4) 에릭 씨는 집에 들어가자마자 이메일을 확인합니다.
5) 에릭 씨는 저녁을 먹자마자 공부를 합니다.

☆ 연습해 봅시다

1) 가: 오늘 퇴근하고 뭘 할 거예요?
나: 퇴근하자마자 한강 공원에 갈 거예요.
가: 왜 한강 공원에 가요?
나: 주앙 씨와 자전거를 타기로 했어요.
2) 가: 오늘 숙제를 하고 뭘 할 거예요?
나: 숙제를 하자마자 하늘 씨를 만날 거예요.
가: 왜 하늘 씨를 만나요?
나: 같이 밥을 먹기로 했어요.
3) 가: 오늘 점심을 먹고 뭘 할 거예요?
나: 점심을 먹자마자 흐엉 씨에게 전화를 할 거예요.
가: 왜 흐엉 씨에게 전화를 해요?
나: 오늘 같이 만나서 콘서트를 보러 가기로 했어요.

◆ 복습

1. 1) 박, 일 2) 그렇게 3) 옛날 4) 유물을 5) 풍경이 6) 시설 7) 신기했어요 8) 볼거리가
2. 1) 집에 가 2) 식사를 한 3) 가족 여행을 가 4) 몇 명이나

20-1 비가 많이 온다고 하니까 다음에 가자

☆ 어휘

1. 1) 광주는 오늘 오전에 비가 오고 바람이 많이 불겠지만 오후에는 비가 그치겠습니다. 최저 기온은 23도이고 최고 기온은 31도입니다.
2) 부산은 오늘 안개가 많이 끼겠습니다. 최저 기온은 21도이고 최고 기온은 27도입니다.
3) 강릉은 오늘 오전에는 구름이 많이 끼겠지만 오후에는 개겠습니다. 최저 기온은 20도이고 최저 기온은 25도입니다.
4) 제주도는 오늘 태풍이 오겠습니다. 최저 기온은 24도이고 최고 기온은 28도입니다.

-는다고/ㄴ다고/다고 하니까

1) 주앙: 춘천에 어떻게 갈까?
존 : 서울에서 춘천까지 가는 기차가 있다고 하니까 기차를 타고 가자.
2) 주앙: 어디에서 잘까?
존 : 춘천에 시설이 좋고 값도 싼 펜션이 많다고 하니까 펜션에서 자자.
3) 주앙: 어디를 구경할까?
존 : 남이섬이 아주 아름답다고 하니까 남이섬을 구경하자.
4) 주앙: 뭘 먹을까?
존 : 춘천은 닭갈비가 아주 유명하다고 하니까 닭갈비를 먹자.
5) 주앙: 기념품은 뭘 살까?
존 : 예쁜 열쇠고리를 판다고 하니까 열쇠고리를 사자.

-지 말고

1) 우진: 저는 일요일에 집에서 텔레비전만 봐요.
나 : 텔레비전만 보지 말고 운동을 하세요.
2) 우진: 저는 고기를 좋아해서 고기만 먹어요.
나 : 고기만 드시지 말고 채소도 드세요.
3) 우진: 저는 커피를 많이 마셔요.
나 : 커피를 많이 드시지 말고 건강에 좋은 차를 드세요.
4) 우진: 저는 지각을 자주 해요.
나 : 밤에 늦게 주무시지 말고 일찍 주무세요.
5) 우진: 쇼핑을 많이 해서 돈이 없어요.
나 : 쇼핑을 많이 하지 말고 저금하세요.

☆ 연습해 봅시다

1) 가: 오늘 점심에 노라와 닭갈비를 먹고 싶어.
나: 노라는 매운 음식을 못 먹는다고 하니까 닭갈비를 먹지 말고 맵지 않은 음식을 먹어.
가: 그래, 알았어.
2) 가: 인기 있는 한국 가수의 콘서트에 가고 싶어.
나: 주말에는 사람이 많다고 하니까 주말에 가지 말고 평일에 가.
가: 그래, 알았어
3) 가: 유키와 노래방에 가고 싶어.
나: 유키는 오늘 바쁘다고 하니까 오늘 가지 말고 다음에 같이 가.
가: 그래, 알았어

20-2 그래서 사람들이 옷을 얇게 입었군요

☆ 어휘

1. 1) 실내에서 해요 2) 비옷을 입어요 3) 장화를 신어요 4) 선크림을 발라요 5) 환기를 해요
2. 1) 설거지를 해요 2) 현관을 쓸어요 3) 다림질을 해요 4) 빨래를 해요

☆ 접속사

1) 윤아: 감기약을 먹으면 졸려서 먹고 싶지 않아요.
존 : 그래도 빨리 나으려면 약을 먹어야 해요.
2) 레오: 어제 휴대전화가 고장 나서 메시지를 확인 못했어요.
주앙: 그래요? 그래서 답장을 안 했군요.
3) 에릭: 이번 시험이 아주 중요해요.
노라: 그러니까 열심히 공부하세요.
4) 이번 여행은 정말 기대가 된다. 왜냐하면 나의 첫 해외여행이기 때문이다.
5) 사람들은 뭐든지 잘하고 싶어 한다. 그러나 뭐든지 잘하는 사람은 많지 않다.

-을/ㄹ 테니까

1) 에릭: 운전해서 갈까요?
   우진: 길이 막힐 테니까 지하철을 타고 가세요.
2) 에릭: 가서 뭘 하면 좋을까요?
   우진: 자전거를 빌릴 수 있을 테니까 같이 자전거를 타세요.
3) 에릭: 배도 탈까요?
   우진: 배를 타면 재미있을 테니까 같이 배도 타세요.
4) 에릭: 식사는 어디에서 할까요?
   우진: 한강 근처에 좋은 식당이 있을 테니까 거기에서 식사를 하세요.
5) 에릭: 밤에는 날씨가 쌀쌀할까요?
   우진: 날씨가 쌀쌀할 테니까 따뜻한 옷을 가지고 가세요.

☆ 연습해 봅시다

1) 가: 한국에서 스키를 타 보고 싶어요.
   그런데 스키장이 어디에 있는지 몰라요.
   나: 제가 알려 드릴 테니까 거기에 가 보세요.
   가: 네, 그럴게요. 고마워요.
2) 가: 인터넷으로 옷을 사려고 해. 그러면 싸게 살 수 있겠지?
   나: 직접 보지 않고 사면 마음에 안 들 수도 있을 테니까 시장에도 가봐.
   가: 응, 그럴게.
3) 가: 내일이 윤아 생일이야. 그래서 선물을 사려고 해.
   나: 윤아는 책 선물을 좋아할 테니까 책을 사.
   가: 응, 그럴게.

◆ 복습

1. 1) 기온이 2) 강하 3) 종일 4) 그냥
   5) 오르려고 6) 햇빛이
2. 1) 먼저 갈 테니까 2) 버스를 타지 말고
   3) 그리고 4) 축구를 좋아한다고 하니까

연습 문제 답안

11-1 405번 버스로 갈아타세요

어휘

1. 1) 쪽으로 2) 노선도를 3) 홍대 4) 반대로 5) 이태원역

-다가

1. 1) 라디오를 듣다가 시끄러워서 껐어요.
   2) 친구가 기숙사에 살다가 하숙집으로 이사했어요.
   3) 프라이팬에 김치를 볶다가 밥을 넣으세요.
   4) 형이 공부하다가 전화를 받고 밖으로 나갔어요.
   5) 집에 가다가 서점에서 소설책을 한 권 샀어요.
2. 1) 밥을 먹다가 전화를 받은 적이 있어요.
   2) 2호선을 타고 가다가 시청역에서 갈아탔어요.
   3) 공부하다가 모르는 것이 있으면 친구에게 물어봐요.
   4) 학생증을 안 가져가서 도서관에 가다가 다시 집으로 돌아갔어요.
   5) 똑바로 가다가 사거리에서 오른쪽으로 가세요.

으로/로³

1. 1) 뒤쪽 자리로 주세요.
   2) 아이스크림으로 하겠습니다.
   3) 1호선으로 갈아타세요.
   4) 운동복으로 갈아입었어요.
   5) 이 구두로 갈아 신으세요.
2. 1) 까만색으로 하겠습니다.
   2) 7시 표로 예매하세요.
   3) 동대문에서 5호선으로 갈아타야 해요.
   4) 중국 돈으로 바꿔 주세요.
   5) 편한 옷으로 갈아입어요.

11-2 빨리 가려면 서울역으로 해서 가세요

어휘

1. 1) 기사 2) 출퇴근 3) 좌회전하면 4) 삼거리
   5) 경복궁 6) 밀려서 7) 세우시면

-으려면/려면¹

1. 1) 외국에 여행을 가려면 여권을 만들어야 합니다.
   2) 비자를 받으려면 대사관에 가야 해요.
   3) 가수가 되려면 노래 연습을 많이 해야 해요.
   4) 김 선생님을 만나려면 2층 사무실로 가세요.
   5) 버스를 잘못 타지 않으려면 버스 기사에게 물어보세요.
2. 1) 지하철을 타려면 교통카드가 있어야 해요.
   2) 에어컨을 켜려면 창문을 닫으세요.
   3) 스파게티를 만들려면 면과 소스가 필요해요.
   4) 놀이공원에 가려면 지하철 2호선을 타고 가다가 잠실역에 내리세요.
   5) 8시 기차를 타려면 집에서 7시에 출발해야 해요.

으로/로 해서

1. 1) 병원 옆으로 해서 학교에 와요.
   2) 종로로 해서 회사에 가요.
   3) 대전으로 해서 부산에 가요.
   4) 독일로 해서 영국에 갈 거예요.
   5) 시청 앞으로 해서 신촌으로 가 주세요.
2. 1) 강릉으로 해서 설악산에 갔다가 왔어요.
   2) 홍콩으로 해서 베트남에 가요.
   3) 스위스로 해서 이탈리아로 가요.
   4) 기숙사 앞으로 해서 오면 더 빨라요.
   5) 이 길로 해서 똑바로 가면 공원이 있어요.

12-1 단어를 자꾸 사용해야 기억할 수 있어

어휘

1. 1) 자꾸 2) 잊어버리 3) 사용하 4) 기억하 5) 외우
   6) 연습했어요

-어야/아야/여야

1. 1) 일을 끝내야 퇴근할 수 있어요.
   2) 표를 사야 콘서트를 볼 수 있어요.
   3) 건강해야 즐겁게 지낼 수 있어요.
   4) 학생증이 있어야 도서관에 들어갈 수 있어요.
   5) 사용하지 않은 제품이어야 다른 제품으로 바꿀 수 있습니다.
2. 1) 시장에 가야 채소를 싸게 살 수 있어요.
   2) 시험을 봐야 3급에 갈 수 있어요.
   3) 10시에 출발해야 오후 2시 비행기를 탈 수 있어요.
   4) 사진이 있어야 학생증을 만들 수 있어요.
   5) 날마다 듣기 연습을 열심히 해야 좋아질 거예요.

-으면/면 되다

1. 1) 여기에서 기다리면 됩니다.
   2) 12과까지 복습하면 됩니다.
   3) 지하철 4호선을 타면 됩니다.
   4) 이 옷으로 갈아입으면 됩니다.
   5) 소금을 넣어서 먹으면 됩니다.
2. 1) 종이를 반으로 접으면 됩니다.
   2) 공원에서 빌리면 됩니다.
   3) 20일까지 내면 됩니다.
   4) 끓인 물을 넣고 1분 후에 드시면 됩니다.
   5) 이 버튼을 누르면 됩니다.

12-2 직접 오시거나 인터넷으로 신청서를 내세요

어휘

1. 1) 직접 2) 냅니다 3) 홈페이지를 4) 신청서 5) 신청해야

-는데요/은데요/ㄴ데요

1. 1) 저는 기숙사에 사는데요.
   2) 이 책이 정말 재미있는데요.
   3) 이 김치는 너무 매운데요.
   4) 제 고향은 부산인데요.
   5) 에릭 씨, 전화가 왔는데요.
2. 1) 정말 맛있는데요.
   2) 집이 가까운데요.
   3) 눈이 많이 오는데요.
   4) 유키 씨 책인데요.
   5) 운동화를 사고 싶은데요.

-거나

1. 1) 주말에 빨래를 하거나 청소를 해요.
   2) 밥을 먹고 과일을 먹거나 차를 마셔요.
   3) 방학을 하면 여행을 가거나 아르바이트를 해요.
   4) 약속 시간에 늦으면 전화하거나 문자 메시지를 보내요.
   5) 모르는 단어가 있으면 사전을 찾거나 친구에게 물어봐요.
2. 1) 텔레비전을 보거나 책을 읽어요.
   2) 부모님께 전화를 드리거나 가족 사진을 봐요.
   3) 친구에게서 우산을 빌리거나 편의점에서 우산을 사요.
   4) 쇼핑하거나 노래방에 가서 노래를 불러요.
   5) 한강 공원에서 자전거를 타거나 인사동을 구경하고 싶어요.

13-1 우선 통장부터 만드셔야 합니다

어휘

1. 1) 우선 2) 서명하세요 3) 잠시 4) 통장이나
   5) 비밀번호는 6) 체크카드는

부터

1. 1) 텔레비전부터 켜요.
   2) 샐러드부터 드세요.
   3) 단어부터 외우십시오.
   4) 호텔부터 예약했어요.
   5) 미용실부터 가고 싶어요.
2. 1) 국부터 먹어요.
   2) 컴퓨터부터 켜요.
   3) 채소부터 써세요.
   4) 운전부터 배울 거예요.
   5) 친구부터 만날 거예요.

-는 동안

1. 1) 동생이 노는 동안 저는 숙제를 했어요.
   2) 제가 없는 동안 전화가 오면 메모를 해 주세요.
   3) 방 친구가 청소하는 동안 저는 빨래를 했어요.
   4) 지하철을 타고 오는 동안 휴대 전화로 뉴스를 봐요.
   5) 친구가 노래를 부르는 동안 저는 박수를 쳤어요.
2. 1) 숙제를 하는 동안 음악을 들어요.
   2) 여행을 하는 동안 아는 사람을 만난 적이 없어요.
   3) 한국에서 지내는 동안 부산과 제주도에 가 봤어요.
   4) 네가 자는 동안 이모가 왔어.
   5) 방학 동안 고향에 다녀왔어요.

13-2 두 달이나요?

어휘

1. 1) 상자 2) 저울을 3) 부쳤어요 4) 포장해 5) 소포를
   6) 올려놓으세요 7) 항공편으로 8) 배편으로

-을/ㄹ 건가요?

1. 1) 사진을 찍을 건가요?
   2) 한국 음악을 들을 건가요?
   3) 내일 몇 시에 출발할 건가요?
   4) 저녁에 무슨 음식을 만들 건가요?
   5) 다음 학기에는 어디에서 살 건가요?
2. 1) 커피를 마실 건가요?
   2) 혼자 등산을 갈 건가요?
   3) 어느 나라로 돈을 보내실 건가요?
   4) 소포를 항공편으로 부칠 건가요? 배편으로 부칠 건가요?
   5) 주말에 뭘 할 건가요?

이나/나²

1. 1) 책이 1,000권이나 있어요.
   2) 버스를 한 시간이나 기다렸어요.
   3) 피자를 10판이나 사 왔어요.
   4) 단어를 300개나 외웠어요.
   5) 그 영화를 다섯 번이나 봤어요.
2. 1) 30장이나요?
   2) 네 잔이나요?
   3) 다섯 개나요?
   4) 일곱 번이나요?
   5) 300권이나요?

14-1 직원이 이 제품이 제일 인기가 많다고 했어

어휘

1. 1) 고장 난 2) 검색해 3) 고치세요 4) 서비스 센터
   5) 이전 6) 속도가

-는다고/ㄴ다고/다고 하다

1. 1) 리타오가 매운 음식을 잘 먹는다고 합니다.
   2) 존이 기숙사 방이 넓고 깨끗하다고 합니다.
   3) 레오가 어제 친구들을 집에 초대했다고 합니다.
   4) 윤아가 동생은 신문방송학을 공부하는 대학생이라고 합니다.
   5) 에릭이 다음 주에 친구들과 강릉에 여행을 갈 거라고 합니다.
2. 1) 레오 씨가 삼계탕을 좋아한다고 해요.
   2) 리타오 씨가 지난 주말에 스노보드를 탔다고 해요.
   3) 에릭 씨는 가족이 6명이라고 해요.
   4) 올리비아 씨는 방학을 하면 한국 춤을 배울 거라고 해요.
   5) 존 씨의 고향 날씨는 아주 덥다고 해요.

-냐고 하다

1. 1) 유키 씨가 윤아 씨에게 닭갈비를 어떻게 만드는지 아냐고 합니다.
   2) 노라 씨가 에릭 씨에게 한국에서 일하기가 어떠냐고 합니다.
   3) 흐엉 씨가 리타오 씨에게 테니스를 칠 수 있냐고 합니다.
   4) 주앙 씨가 하늘 씨에게 지금 듣는 노래가 무슨 노래냐고 합니다.
   5) 올리비아 씨가 존 씨에게 어제 집에 몇 시에 들어갔냐고 합니다.
2. 1) 올리비아 씨가 저한테 무슨 책을 읽냐고 했어요.
   2) 존 씨가 저한테 우체국은 몇 시에 문을 여냐고 했어요.
   3) 하늘 씨가 존 씨한테 한국어 공부하기가 어렵냐고 했어요.
   4) 우진 씨가 유키 씨한테 점심을 드셨냐고(먹었냐고) 했어요.
   5) 주앙 씨가 레오 씨한테 발표 순서를 바꿔 줄 수 있냐고 했어요.

14-2 다 함께 소풍을 가자고 해

어휘

1. 1) 방금 2) 데려와도 3) 함께 4) 캠핑장 5) 바비큐

-자고 하다

1. 1) 흐엉 씨가 놀이공원에 같이 가자고 합니다.
2) 리타오 씨가 이 노래를 같이 부르자고 합니다.
3) 하늘 씨가 시간이 있으면 커피 한 잔 마시자고 합니다.
4) 유키 씨가 오늘 저녁에 같이 떡볶이를 만들자고 합니다.
5) 존 씨가 비가 많이 오니까 밖에 나가지 말자고 합니다.

2. 1) 동생이 액션 영화를 보자고 합니다.
2) 에릭 씨가 다음 주 금요일에 파티를 하자고 합니다.
3) 리타오 씨가 태권도를 같이 배우자고 합니다.
4) 유키 씨가 부산으로 여행을 가자고 합니다.
5) 아버지께서 등산을 하자고 하십니다.

-으라고/라고 하다

1. 1)윤아 씨가 리타오 씨에게 내일 일찍 오라고 합니다.
2) 올리비아 씨가 에릭 씨에게 문을 닫으라고 합니다.
3) 노라 씨가 윤아 씨에게 이 노래를 들어 보라고 합니다.
4) 우진 씨가 유키 씨에게 그 책을 한번 읽어 보라고 합니다.
5) 박물관 직원이 박물관 안에서 사진을 찍지 말라고 합니다.

2. 1) 동생이 딸기를 사 오라고 했어요.
2) 부모님께서 9시까지 집에 오라고 하셨어요.
3) 교수님께서 한국 역사 책을 읽으라고 하셨어요.
4) 사무실 직원이 다음 주 금요일까지 등록을 하라고 했어요.
5) 의사 선생님께서 술을 마시지 말라고 하셨어요.

15-1 팀장님께서 식당을 예약해 달라고 하셨어요

어휘

1. 1) 메뉴가 2) 선택이 3) 팀장
4) 서비스가 5) 중요한 6) 남았으니까

-어/아/여 달라고(주라고) 하다

1. 1) 노라 씨가 윤아 씨에게 잠시 기다려 달라고 합니다.
2) 흐엉 씨가 존 씨에게 에어컨을 꺼 달라고 합니다.
3) 올리비아 씨가 사장님께 계산해 달라고 합니다.
4) 선생님께서 레오 씨에게 숙제를 가르쳐 주라고 합니다.
5) 주앙 씨가 하늘 씨에게 이 사진을 윤아 씨에게 전해 주라고 합니다.

2. 1) 다시 한번 설명해 달라고 했어요.
2) 앞에 있는 그림을 다시 봐 달라고 했어요.
3) 리타오 씨에게 불을 켜 달라고 했어요.
4) 존 씨에게 다음에 친구들에게 고향 이야기를 더 많이 해 주라고 했어요.
5) 올리비아 씨에게 앞으로 나와 달라고 했어요.

이라서/라서

1. 1) 통화 중이라서 전화를 끊었어요.
2) 출근 시간이라서 교통이 복잡해요.
3) 예약석이라서 이 자리에 앉을 수 없습니다.
4) 관광지라서 그곳에 사람들이 많을 것 같아요.
5) 요리사라서 만들지 못하는 음식이 거의 없어요.

2. 1) 고향 친구라서 잘 지내요.
2) 방학이라서 학교에 가지 않아요.
3) 휴가라서 회사에 안 오셨어요.
4) 동아리 후배라서 반말로 말해요.
5) 6시 퇴근이라서 힘들 것 같아요.

15-2 치킨 한 마리만 배달해 주세요

어휘

1. 1) 지난번 2) 신용카드를 3) 금방 4) 현금
5) 이상이 6) 결제할

만

1. 1) 라면만 먹었어요.
2) 물 한 잔만 주세요.
3) 잠깐만 밖에서 기다리십시오.
4) 추석과 설날에만 문을 닫습니다.
5) 오천 원만 빌려 줄 수 있어요?

2. 1) 구경만 했어요.
2) 약만 사 먹었어요.
3) 아니요, 영화만 보고 집에 갔어요.
4) 아니요, 아이만 들어갈 수 있어요.
5) 아니요, 주말에만 아르바이트를 해요.

-었던/았던/였던

1. 1) 비행기 안에서 봤던 영화입니다.
2) 지난주에 갔던 카페에 갑시다.
3) 지난번에 먹었던 치킨을 시킵시다.
4) 일주일 전에 에릭이 불렀던 노래가 좋았어요.
5) 어제 말했던 책을 가지고 왔습니까?

2. 1) 지난번에 반 모임을 했던 식당의 전화번호를 알아요.
2) 잃어버렸던 물건을 다시 찾은 적이 없어요.
3) 앉았던 자리에 앉읍시다.
4) 먹었던 스파게티를 먹고 싶어요.
5) 여행을 갔던 곳 중에서 제주도가 제일 아름다웠어요.

16-1 열이 나는 데다가 두통도 심해요

어휘

1. 1) 열이 2)기침을 3) 부었어요 4) 푹
5) 콧물이 6) 났어요 7) 두통이 8) 심해서 9) 감기

-는/은/ㄴ 데다가

1. 1) 흐엉 씨는 공부를 잘하는 데다가 성격도 좋아요.
2) 이 휴대전화는 가벼운 데다가 속도도 빨라요.
3) 이 도시는 공기가 나쁜 데다가 교통도 복잡해요.
4) 그 식당은 음식이 맛있는 데다가 분위기도 좋아서 자주 가요.
5) 밥을 급하게 먹은 데다가 스트레스를 받아서 소화가 안 돼요.

2. 1) 한국말을 잘하는 데다가 영어도 잘해요.
2) 열이 나는 데다가 기침도 많이 해요.

3) 좁은 데다가 더러워요.
4) 예쁜 데다가 값도 싸요.
5) 지각을 한 데다가 시험 점수도 나빠서 기분이 안 좋아요.

ㅅ동사

1.

	-고	-었어요/았어요/였어요	-어서/아서/여서	-으세요/세요	-으면/면
낫다	낫고	나았어요	나아서	나으세요	나으면
짓다	짓고	지었어요	지어서	지으세요	지으면
붓다	붓고	부었어요	부어서	부으세요	부으면
젓다	젓고	저었어요	저어서	저으세요	저으면
잇다	잇고	이었어요	이어서	이으세요	이으면
긋다	긋고	그었어요	그어서	그으세요	그으면
*웃다	웃고	웃었어요	웃어서	웃으세요	웃으면
*벗다	벗고	벗었어요	벗어서	벗으세요	벗으면
*씻다	씻고	씻었어요	씻어서	씻으세요	씻으면

1) 그으면　2) 나으세요　3) 부었어요
4) 저어서　5) 웃어서

2. 1) 약을 먹고 나았어요.
2) 나무로 지은 집에서 살고 싶어요.
3) 목이 부어서 아파요.
4) 신발을 벗고 들어가야 해요.
5) 물로 씻은 후에 써세요.

16-2 우선 상처에 이 소독약이라도 바르세요

어휘

1. 1) 소독약　2) 바르세요　3) 치료비가　4) 약사
5) 다쳐서　6) 건강 보험이　7) 치료를

이라도/라도

1. 1) 그럼 인터넷 게임이라도 하세요.
2) 그럼 아르바이트라도 하세요.
3) 그럼 신문이라도 주세요.
4) 그럼 다음 주에라도 만납시다.
5) 그럼 회색 바지라도 주세요.

2. 1) 그럼 이 빵이라도 드세요.
2) 그럼 내일이라도 오세요.
3) 그럼 저라도 도와 드릴게요.
4) 볼펜이라도 빌려 줄까?
5) 이메일 주소라도 가르쳐 드릴까요?

-지 않으면 안 되다

1. 1) 늦지 않으려면 지금 출발하지 않으면 안 됩니다.
2) 감기가 빨리 나으려면 약을 먹지 않으면 안 됩니다.
3) 그 회사에서 일하려면 영어를 잘하지 않으면 안 됩니다.
4) 도서관에 들어가려면 학생증을 만들지 않으면 안 됩니다.
5) 기숙사를 신청하려면 오늘까지 신청서를 내지 않으면 안 됩니다.

2. 1) 서명을 하지 않으면 안 됩니다.
2) 그 책을 읽지 않으면 안 됩니다.
3) 예매를 하지 않으면 안 됩니다.
4) 비밀번호를 누르지 않으면 안 됩니다.
5) 이번 주까지 소포를 보내지 않으면 안 됩니다.

17-1 영화 보는 것만큼 재미있는 게 없어요

어휘

1. 1) 관심이　2) 무료로　3) 즐겨　4) 아무리

만큼

1. 1) 아버지　2) 서울　3) 소설책　4) 고기　5) 작년

2. 1) 리타오 씨, 노래를 잘 부르는 사람은
2) 갈비탕, 맛있는 음식은
3) 소설책만큼 재미있는 책은 없어요.
4) 장미꽃만큼 예쁜 꽃은 없어요.
5) 청소만큼 하기가 싫은 일은 없어요.

3. 1) 농구만큼 재미있는 운동이 없어요.
2) 유자차만큼 좋은 차가 없어요.
3) 김치만큼 유명한 음식이 없어요.
4) 설악산만큼 단풍이 아름다운 곳이 없어요.
5) 올리비아 씨만큼 여행을 많이 한 사람이 없어요.

-어도/아도/여도

1. 1) 돈이 없어도 행복해요.
2) 힘들어도 운동을 꼭 해요.
3) 열심히 공부해도 시험을 잘 못 봐요.
4) 큰 마트에 가도 그 물건은 없을 거예요.
5) 음식이 매워도 리타오 씨는 잘 먹을 거예요.

2. 1) 약을 먹어도 낫지 않아요.
2) 시간이 늦어도 배달해 드립니다.
3) 날씨가 추워도 운동을 할 거예요.
4) 저는 커피를 마셔도 잠을 잘 자요.
5) 아파도 일을 해야 해요.

17-2 이 피아노는 어머니께서 치시던 거야

어휘

1. 1) 피아노가　2) 쳐요　3) 낚시해서　4) 조깅해요

-을/ㄹ 줄 알다(모르다)

1. 1) 테니스를 칠 줄 알아요. / 테니스를 칠 줄 몰라요.
2) 잡채를 만들 줄 알아요. / 잡채를 만들 줄 몰라요.
3) 러시아말을 할 줄 알아요. / 러시아말을 할 줄 몰라요.
4) 컴퓨터로 그림을 그릴 줄 알아요. / 컴퓨터로 그림을 그릴 줄 몰라요.
5) 현금 자동 인출기에서 돈을 찾을 줄 알아요. / 현금 자동 인출기에서 돈을 찾을 줄 몰라요.

2. 1) 운전할 줄 알아요.
2) 만들 줄 몰라요.
3) 기타를 칠 줄 알
4) 한글을 읽을 줄 알
5) 저는 태권도를 할 줄 몰라요.

-던

1. 1) 아이가 먹던 빵을 엄마가 먹었어요.
2) 어제 밤에 읽던 책을 오늘 다 읽었어요.
3) 어렸을 때 언니가 입던 옷을 제가 입었어요.

4) 여기는 제가 학교에 갈 때 자주 다니던 길이에요.
5) 이 노래는 할머니께서 자주 들으시던 노래예요.

2. 1) 키우던 강아지야.
2) 먹던 음식이에요.
3) 같이 놀던 친구예요.
4) 하던 일이 끝나지 않았어요.
5) 유키가 보던 잡지야.

18-1 무슨 일이든지 미리 계획을 세우는 게 좋아

어휘

1. 1) 미리 2) 학원 3) 경험이 4) 벌면 5) 쌓은

-던데요

1. 1) 어제 본 영화가 아주 무섭던데요.
2) 지난 주말에 백화점이 복잡하던데요.
3) 하늘이가 피아노를 잘 치던데요.
4) 노라 씨가 전화를 안 받던데요.
5) 친구의 결혼식에 사람이 많이 왔던데요.

2. 1) 아주 예쁘던데요.
2) 노라 씨가 집에 없던데요.
3) 아니요, 별로 복잡하지 않던데요.
4) 아주 많이 모았던데요.
5) 정말 재미있던데요.

이든지/든지

1. 1) 무슨 운동이든지 2) 뭐든지 3) 어디든지
4) 언제든지 5) 누구든지

2. 1) 누구든지 들어갈 수 있어요.
2) 얼마든지 가지고 가세요.
3) 무슨 음식이든지 잘 먹어요.
4) 무슨 영화든지 좋아요.
5) 어떤 옷이든지 잘 어울려요.

18-2 졸업이 두 달밖에 안 남았네요

어휘

1. 1) 정도 2) 한 3) 출국하 4) 유학을 5) 결정하

밖에

1. 1) 돈이 오천 원밖에 없습니다.
2) 수업 시간이 5분밖에 안 남았습니다.
3) 어제 잠을 두 시간밖에 못 잤습니다.
4) 생일 파티에 친구가 세 명밖에 안 왔습니다.
5) 저는 하루에 커피를 한 잔밖에 마시지 않습니다.

2. 1) 세 병밖에 없어요.
2) 두 벌밖에 없어요.
3) 10분밖에 안 기다렸어요.
4) 이름밖에 몰라요.
5) 부산밖에 못 가 봤어요.

-을/ㄹ 줄 알았다

1. 1) 저는 친구가 약속을 지킬 줄 알았습니다.
2) 저는 제주도 날씨가 추울 줄 알았습니다.
3) 저는 흐엉 씨가 시험을 잘 볼 줄 알았습니다.
4) 저는 노라 씨가 매운 음식을 잘 먹을 줄 알았습니다.
5) 저는 레오 씨가 방학에 고향에 돌아갈 줄 알았습니다. .

2. 1) 저는 선배가 다음 주에 집들이를 할 줄 알았어요.
2) 저는 노라 씨가 축구부에 들 줄 알았어요.
3) 저는 존 씨가 매운 음식을 잘 먹을 줄 알았어요.
4) 저는 하늘 씨가 회사에서 일할 줄 알았어요.
5) 저는 날씨가 안 추울 줄 알았어요.

19-1 며칠이나 계셨어요?

어휘

1. 1) 풍경이 2) 그렇게 3) 숙박했던
4) 박,일로 5)시설이

이나/나[3]

1. 1) 몇 켤레나 2) 몇 시간이나 3) 몇 번이나
4) 몇 벌이나 5) 몇 명이나

2. 1) 얼마나 걸려요?
2) 책을 몇 권이나 빌렸어요?
3) 몇 마리나 키워요?
4) 몇 번이나 가 봤어요?
5) 몇 판이나 먹었어?

-은/ㄴ 뒤에

1. 1) 창문을 연 뒤에 청소했어요.
2) 수술을 받은 뒤에 건강해졌습니다.
3) 한 달이 지난 뒤에 연락이 왔어요.
4) 감자를 삶은 뒤에 소금에 찍어서 드세요.
5) 감기가 나은 뒤에 수영장에 갈 수 있어요.

2. 1) 청소를 한 뒤에 빨래를 했어요.
2) 고향에 돌아간 뒤에 연락이 없어요.
3) 영화를 본 뒤에 백화점에서 쇼핑을 합시다.
4) 숙제를 한 뒤에 친구와 밥을 먹을 거예요.
5) 도서관에서 책을 읽은 뒤에 친구들과 축구를 할 거예요.

19-2 해외여행을 가기로 했는데 어디로 가면 좋을까?

어휘

1. 1) 유물 2) 볼거리가 3) 옛날
4) 해외여행을 5) 신기합니다

-기로 하다

1. 1) 저는 올해 열심히 공부하기로 했어요.
2) 저는 다이어트를 하기로 했어요.
3) 저는 담배를 끊기로 했어요.
4) 저는 돈을 열심히 모으기로 했어요.
5) 저는 핸드폰 게임을 하지 않기로 했어요.

2. 1) 존 씨에게 무슨 요일이 좋냐고 물어보기로 했어요.
2) 학교 근처 한식집에서 파티를 하기로 했어요.
3) 존 씨가 책을 많이 읽으니까 책을 사기로 했어요.
4) 반 친구들하고 존 씨의 한국 친구들을 초대하기로 했어요.
5) 식사를 한 뒤에 노래방에 가서 노래를 부르기로 했어요.

-자마자

1. 1) 집에서 나가자마자 비가 오기 시작했습니다.
   2) 친구가 전화를 받자마자 밖에 나갔습니다.
   3) 아이스크림을 사자마자 다 먹었습니다.
   4) 집에 돌아가자마자 잘 거예요.
   5) 가게 문을 열자마자 손님들이 들어왔습니다.
2. 1) 도착하자마자 전화할게요.
   2) 오늘은 수업이 끝나자마자 집에 가야 해.
   3) 방학하자마자 여행을 갔어요.
   4) 아침에 일어나자마자 물을 마셔요.
   5) 집에 가자마자 숙제를 했어요.

20-1 비가 많이 온다고 하니까 다음에 가자

어휘

1. 1) 강하 2) 계속 3) 기온이 4) 내리는 5) 그냥

-는다고/ㄴ다고/다고 하니까

1. 1) 그 음식은 너무 맵다고 하니까 다른 음식을 드세요.
   2) 이번 주가 세일 기간이라고 하니까 백화점에 가 보세요.
   3) 내일은 수업이 없다고 하니까 같이 서울 구경을 합시다.
   4) 레오 씨가 집들이를 한다고 하니까 선물을 사 가지고 갑시다.
   5) 에릭 씨가 감기가 나았다고 하니까 같이 수영장에 가자고 할까요?
2. 1) 이번 시험이 어렵다고 하시니까
   2) 영화 '행복'이 아주 재미있다고 하니까
   3) 은행은 4시에 문을 닫는다고 하니까
   4) 내일은 쉬는 날이라고 하니까 다음에 가자.
   5) 내일부터 날씨가 많이 추워질 거라고 하니까 장갑을 선물하자.

-지 말고

1. 1) 기차로 가지 말고 비행기로 갑시다.
   2) 늦게까지 놀지 말고 집에 일찍 들어와라.
   3) 기다리지 말고 그냥 갑시다.
   4) 에어컨은 비싸니까 사지 말고 선풍기를 삽시다.
   5) 교실에서는 영어로 말하지 말고 한국말로 이야기하세요.
2. 1) 아이스크림을 먹지 말고 따뜻한 물을 마셔.
   2) 집에서 만들어 먹지 말고 식당에서 사 먹읍시다.
   3) 농구를 하지 말고 집에서 쉽시다.
   4) 친구를 만나러 나가지 말고 집에 있어.
   5) 가방을 사지 말고 액세서리를 사세요.

20-2 그래서 사람들이 옷을 얇게 입었군요

어휘

1. 1) 오르 2) 종일 3) 그러면 4) 햇빛이

접속사

1. 1) 그래서 2) 그런데 3) 그렇지만
   4) 그러니까 5) 그래도
2. 1) 그리고 2) 하지만 3) 왜냐하면
   4) 그렇지만 5) 그런데

-을/ㄹ 테니까

1. 1) 제가 음식을 만들 테니까 유키 씨는 음료를 사 오실래요?
   2) 제가 전화를 걸 테니까 전화번호를 가르쳐 주세요.
   3) 날씨가 추울 테니까 옷을 따뜻하게 입는 것이 좋을 거예요.
   4) 노라 씨가 길을 잘 모를 테니까 노라 씨와 같이 갑시다.
   5) 배가 고프실 테니까 식사부터 하세요.
2. 1) 걱정하실, 집에 빨리 들어가세요.
   2) 차가 밀릴, 지하철로 가세요.
   3) 걸레질을 할 테니까 너는 쓰레기를 버려 줘.
   4) 케이크를 살 테니까 너는 꽃을 사 가지고 올래?
   5) 예매할 테니까 너는 밥을 사라.

색인

어휘 색인

ㅂ

ㅅ

ㅈ

ㅊ

문법 색인

English Version

새 연세한국어 어휘와 문법 2-2

별책부록

NEW YONSEI KOREAN Vocabulary and Grammar

연세대학교 한국어학당 편

연세대학교 출판문화원

Foreword

The Yonsei University Korean Language Institute ("Yonsei KLI") was established in 1959 as the first institute to provide Korean language courses. Yonsei KLI has published numerous Korean language teaching textbooks and conducted various studies on Korean language pedagogy commensurate with its long history and prestigious reputation as the world's leading Korean language institute. Yonsei KLI has imparted language skills and knowledge of Korea's rich cultural heritage to over 140,000 students from 147 countries. More recently, the institute has extended the learning environment beyond physical classrooms to the online space through the creation of MOOCs(Massive Open Online Course), which have received deep appreciation from those who wish to learn the Korean language but are unable to attend Yonsei KLI in person. To keep pace with the rapidly evolving educational environment, Yonsei KLI continues to relentlessly pursue various endeavors to update and develop new methods of and materials for teaching the Korean language.

Yonsei KLI has offered various regular, short-term, and the university Korean courses for those who are studying the Korean language for both general and special purposes. The institute has been deeply committed to developing teaching materials of the highest quality that cater to learners' needs. The textbooks created and published by Yonsei KLI have been satisfying the diverse needs of Korean language instructors and learners around the world to provide excellent teaching and learning experiences.

Yonsei KLI is now proud to present the "New Yonsei Korean" textbook series which follows in the steps of the "Yonsei Korean 1–6" series, the all-time favorite textbook series for learning the Korean language. Many scholars and instructors with years of hands-on Korean language teaching experience have been involved, and great deals of time and effort have been dedicated in its development. Their understanding of the best teaching practices and the needs of learners are incorporated into this new series.

The recently published "New Yonsei Korean" textbook series is comprised of six levels of vocabulary and grammar, speaking and writing, and listening and reading textbooks. "New Yonsei Korean Vocabulary and Grammar" textbook helps the Korean learners at each level in building and utilizing the key vocabulary words and grammatical concepts. "New Yonsei Korean Speaking and Writing" textbook focuses on speaking and writing exercises that enable learners to familiarize themselves with expressions that are essential for communication in Korean. "New Yonsei Korean Listening and Reading" textbook fosters 2 the comprehension skills appropriate for each level of the Korean language through listening and reading exercises. The three textbooks in each series can be used together as a package to help learners acquire balanced Korean language proficiency or may be used separately depending on the educational environment or individual learners' needs. Furthermore, an additional guidebook for the vocabulary and grammar textbook was provided to assist teachers with relatively less experiences.

Yonsei KLI will continue to dedicate time and energy to developing textbooks and teaching materials that can satisfy the needs and meet the expectations of Korean language learners around the world. Yonsei KLI hopes that this newly released textbook series will be of great help to numerous instructors both inside and outside of Korea doing their utmost to offer top-notch Korean language education and to all of the learners around the world striving to learn the Korean language.

The Yonsei University Institute of Language Research and Education

The Yonsei Korean Language Institute Textbook Compilation Committee

Introduction

How the book has been organized

- The book consists of 20 lessons with two sections each, totaling a 40 sections in all.
- Each section consists of practice exercises and each lesson consists of review questions.
(Section 1 – Section 1 practice exercises – Section 2 - Section 2 practice exercises – Review questions)
- **Vocabulary:** This segment introduces vocabulary words from the dialogue in the section, as well as vocabulary or expressions that are related to the lesson theme or appropriate for Level 2 learners.
- **Grammar:** Two grammar points are introduced per section, totaling four grammar points in each lesson.
- **Practice question:** This helps students practice the grammar and vocabulary they have learned. These are included in Appendix.
-#1: Learners can practice how to appropriately put the target vocabulary and expressions in the given sentences.
-#2: Learners can practice how to use the target grammar in the given context such as completing a conversation or describing the given pictures.
- **Review:** Students can confirm and review the vocabulary and grammar they learned throughout the entire lesson (two sections).
-#1: It consists of questions that encompass the whole of the vocabulary words in the lesson.
-#2: It consists of questions that encompass the whole of the grammar points taught in the lesson.
- **Model answer:** A model answer is given for the practice exercises and review questions to help self-study learners.
- **Appendix:** The vocabulary and grammar appendix includes the vocabulary words and grammar points that were introduced in each lesson in alphabetical order.
- **Supplement book:** Basic knowledge and explanation of Hangul is translated. Learners can easily practice using the supplement book that includes translated conversation, vocabulary, meaning and usage of grammar, and example sentences.
- **Supplementary Booklet:** It consists of a translation of the dialogue, vocabulary, grammar meaning, grammar usage, and grammar examples so that students can easily practice the contents of the lessons.

Details of each content

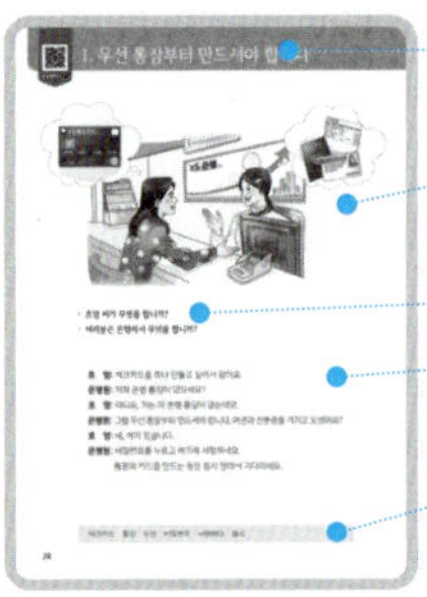

- **Section title:** The section title is the representative sentence in the section that reflects the grammar point that is being taught through the dialogue.
- **Introductory Illustration:** This is an illustration that is related to the theme or dialogue in the section.
- **Introduction question:** This is a question that is related to the illustration or dialogue.
- **Dialogue:** The dialogue is a two-person conversation, and this portion consists of three sets of dialogues.
- **Dialogue vocabulary:** Vocabulary words that students need to know when practicing the dialogue are introduced below.

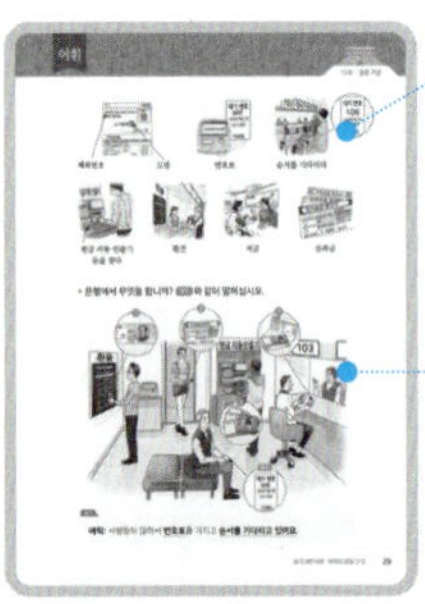

- **Extended vocabulary**
This consists of an extended list of vocabulary words that are related to the section theme, as well as vocabulary and expressions that Level 2 learners should know. Illustrations and pictures are also included so that learners can easily understand the vocabulary words.
- **Vocabulary practice**
This consists of an exercise where learners will look at a picture and write or speak about it to confirm whether they have correctly understood the vocabulary that they have learned.

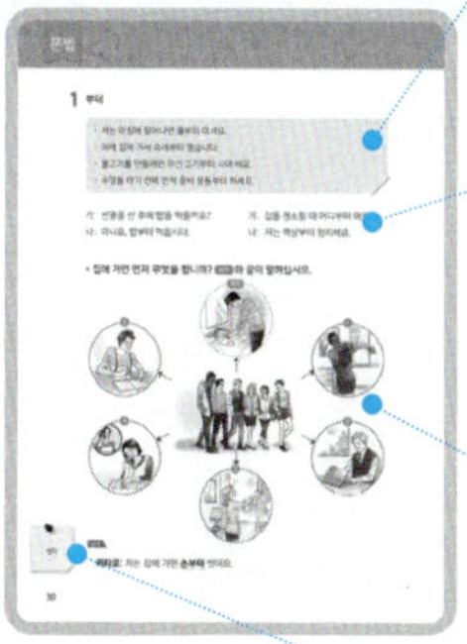

- **Grammar example:** Four examples are provided so that learners can understand the target grammar point. The meaning of the target grammar point has been translated into various languages and is included in the Supplementary Booklet.
- **Grammar Dialogue:** Two sets of dialogues are contained so that learners can correctly understand the target grammar in context. The transcript of the dialogue has been translated into various languages and is contained in the Supplementary Booklet.
- **Grammar practice:** This is an exercise that aims to help students appropriately use the grammar they have learned in the right context. Students will look at the "Example" and answer the questions.
- **Additional vocabulary:** In the case of unlearned vocabulary words, additional words are listed next to the practice exercise.

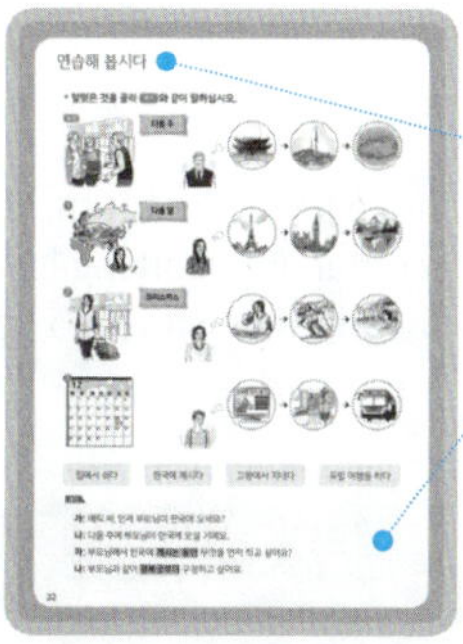

- **Let's practice**

This exercise helps students use the grammar they have learned to speak sentences that are similar to the dialogue contained in the section.

- **<Example> Dialogue**

It consists of a similar structure of dialogue as the preceding conversation in the section so that learners can easily practice speaking.

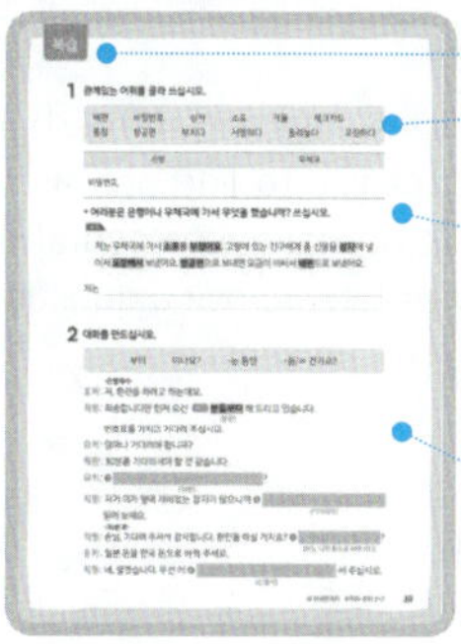

- **Review:** This is a review of all the vocabulary and grammar contained in the lesson.
- **Vocabulary:** Students can choose from the vocabulary words they've learned to write the answer.
- **Number1:** This question includes all the vocabulary words in the lesson. Because the Expanded Vocabulary has already been reviewed, the Review Section includes vocabulary words from the main passage and additional vocabulary.
- **Number 2:** This question covers the grammar points in the entire lesson. Students can practice the grammar they've learned by using the four grammar points in the context of a formal discourse.

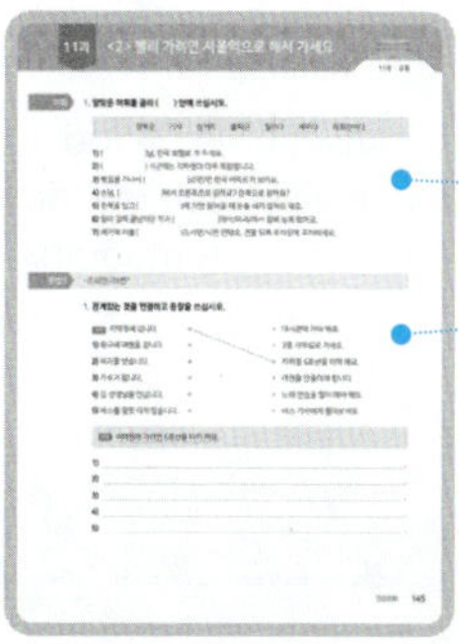

Practice Exercises

- **Number 1:** Learners can practice how to appropriately put the target vocabulary and expressions in the given sentences.
- **Number 2:** Learners can practice how to use the target grammar in the given context such as completing a conversation or describing the given pictures.

Contents Map

Chapter	Unit	Grammar	Dialogue Vocabulary	Vocabulary expansion
Unit 11 Trans-portation	<1> Transfer to Bus 405.	-다가 으로[3]	route map, opposite, Euljiro-ipgu Station, Itaewon Station, direction, Hongdae	transportation card, Gwanghwamun, seats for the elderly, card reader, bell, screendoor, doorknob, platform, safety line, Yeouido Station, rate or fee, Jongno, line, Hongdae-ipgu Station, to wake up, to pay, to press or push, to put or apply, to stand, to be opened
	<2> To get there faster, go by way of Seoul Station.	-으려면[1] 으로 해서	Gyeongbok Palace, driver, three-way intersection, enter and leave one's office, to be backed up, to stop, to make a left turn	Gwangjang market, right turn, U-turn, left turn, no parking, parking lot, straight ahead, to be stuck, to park
Unit 12 School Life	<1> You need to keep using the word so you can remember it.	-어야 -으면 되다	to remember, to use, to practice, 외 to memorize, to forget, frequently	memo, button, to end or finish, to reply or answer, to end or finish, to announce or make a presentation, to be tardy or late, to ask a question, to attend or be present
	<2> You can come in person or register through the internet.	-는데요 -거나	application or registration form, homepage, to turn in, to apply, in person or directly	result, exchange, time period, registration, registration fee, time schedule, to cancel, temporary absence from school

Chapter	Unit	Grammar	Dialogue Vocabulary	Vocabulary expansion
Unit 13 Public Institutions	<1> You need to first make a bankbook.	부터 -는 동안	password, debit card, bankbook, to sign one's name, first, a little while or moment	account number, taxes, seal or stamp, number ticket, husband and wife, order or sequence, savings or deposit, automatic teller machine (ATM), exchange of money, to wash or cleanse, to withdraw (money)
	<2> Will you send this via airmail?	-을 건가요? 이나[2]	by ship, box, package or parcel, scale, by airmail, to send or ship, to wrap, to place on top of something	Express Mail Service, length, height, weight, envelope, zip code, stamp, size, package, o be low or short, to be high or tall
Unit 14 Telephone	<1> The worker said that this product was the most popular.	-는다고 하다 -냐고 하다	service center, speed, before, to search, to break down or be broken, to repair or fix	video file, position, to calculate, to record, to speak over the phone
	<2> She is suggesting that all of us go on a picnic.	-자고 하다 -으라고 하다	barbeque, camping site, to bring someone, right now, with	basketball, answer or reply, to leave, to fight, to erase, to confirm, near or nearby, separately, far distance

Chapter	Unit	Grammar	Dialogue Vocabulary	Vocabulary expansion
Unit 15 Reservations and Ordering	<1> The manager asked me to make reservations at a restaurant.	-어 달라고 (주라고) 하다 이라서	menu, service, selection or choice, manager, to remain, to be important	legal holiday, date, last, the end, contact information, end of the year, beginning of the year, consecutive holidays, reserved seats, the beginning, weekday, to take out or bring up, to be empty
	<2> Please deliver one whole chicken.	만 -었던	credit card, something wrong, last time, cash, to make a payment, right away	past, future, going out, present, to be delivered, to order for delivery, to forget, always, a short while ago, in the future
Unit 16 Health	<1> I have a fever and my headache is severe.	-는 데다가 ㅅ동사	cold, cough, headache, fever, nose runnings or drippings, to have, to swell up, to be severe, completely or entirely	smell, sweat, stomach disorder, constipation, accident, injury or wound, digestion, blood, to be hot, to have a hoarse throat, to tremble in the body, to draw a line, to get well or recover, to be better, to pour, to join or connect, to stir, to make or cook rice
	<2> First, you should at least apply this antiseptic to your wound.	이라도 -지 않으면 안 되다	health insurance, antiseptic, pharmacist, treatment, medical fee, to get hurt or injured, to apply	cold medicine, cough medicine, headache medicine, person's weight, constipation medicine, electric fan, digestion medicine, the above, score, TOPIK(Test of Proficiency in Korean), herbal medicine, to reduce

Chapter	Unit	Grammar	Dialogue Vocabulary	Vocabulary expansion
Unit 17 Hobbies	<1> There's nothing more fun than watching a movie.	만큼 -어도	interest, free, to enjoy, no matter how	family movie, science fiction movie, horror movie, animal, rock, animated film, melodramatic movie, world, war movie, to run
	<2> This is the piano my mother used to play on.	-을 줄 알다 (모르다) -던	piano, to fish, to go jogging, to play (the piano)	guitar, billiards, copper coin, drum, comic book, fish, bowling, bird, play, postcard, motorcycle, fax, to tie up, to raise or lift up, to bring up or raise
Unit 18 Plans	<1> Whatever it is, it's good to make plans ahead of time.	-던데요 이든지	experience, day, night, academy, to make or earn (money), to accumulate or gain, ahead of time	surface, outside, inside, one's junior or subordinate, adult, one's senior or elders, to postpone
	<2> There are only two more months until graduation.	밖에 -을 줄 알았다	international study, about, to decide, to depart from a country, about	time schedule, senior high school, every week, every month, every year, Kindergarten, middle school, elementary school, to enter into a school

Chapter	Unit	Grammar	Dialogue Vocabulary	Vocabulary expansion
Unit 19 Travel	<1> How long did you stay?	이나[3] -은 뒤에	facility, scenery, to lodge in or stay at, like that, nights, days	guestroom, transportation, souvenir, rental car, reporter, traveler's insurance, one's destination in travel, courtesy or manners, roundtrip, itinerary, view, fan, one-way, airline ticket
	<2> We decided to go on a trip overseas but where should we go?	-기로 하다 -자마자	things to see, ancient times, relic, overseas trip, to be wonderful or marvelous	family trip, domestic trip, group tour, backpacking, school trip, free traveling
Unit 20 Weather and Lifestyle	<1> They say it will rain a lot so let's go next time.	-는다고 하니까 -지 말고	temperature, to be strong, to come down, continuously, just	Nami Island, fine dust, habit, mist or fog, keychain, video, sub-zero temperature, highest, lowest, Chuncheon, typhoon, to be strong, to clear up, to stop, to gather or envelop, to be humid
	<2> That is why people wore light clothing.	접속사 -을 테니까	all day, sunlight or sunshine, to go up, then	mask, raincoat, sunblock, indoors, boots, household matters, ventilation, to wipe with a damp cloth, to iron, to wash dishes, to sweep, to become sleepy, but, but or however, because, but or however

Contents

Unit 11 Transportation

<1> Transfer to Bus 405.

Dialogue

Eric: Woojin, where is the Hanguk Hotel? I have to go there tomorrow for my friend's wedding.
Woojin: That hotel is right next to Itaewon Station of subway line 6.
Eric: I'll be leaving from work tomorrow evening but how should I get there?
Woojin: Take the line 2 subway and then transfer to Bus 405 at Euljiro-ipgu Station.
Eric: Do I take the Line 2 subway in the direction of Hongdae?
Woojin: No, you need to take the one in the opposite direction. Take a look at this subway route map.

Dialogue Vocabulary

이태원역 Itaewon Station
을지로입구역 Euljiro-ipgu Station
홍대 Hongdae　　쪽 direction
반대 opposite　　노선도 route map

Vocabulary expansion

교통카드 transportation card
광화문 Gwanghwamun
노약자석 seats for the elderly
단말기 card reader　　벨 bell
스크린도어 screendoor　　손잡이 doorknob
승강장 platform　　안전선 safety line
여의도역 Yeouido Station　　요금 rate or fee
종로 Jongno　　줄 line
홍대입구역 Hongdae-ipgu Station
깨다 to wake up　　내다 to pay
누르다 to press or push　　대다 to put or apply
서다 to stand　　열리다 to be opened

Grammar

1. -다가

- **Meaning and Usage**

This is used with an action verb to show how a continuous action or state has stopped and has changed to another action or state.

- **Example**

형이 책을 읽다가 전화를 받았습니다.
My brother was reading a book and then answered the phone.
저는 기숙사에 살다가 하숙집으로 이사했어요.
I was living in the dorms but moved to a boardinghouse.
친구가 극장에서 영화를 보다가 갑자기 나갔어.
My friend was watching a movie in the theater but suddenly left.
엄마, 숙제를 다 하고 친구 집에 가서 놀다가 와도 돼요?
Mom, once I'm finished with my homework, may I go and play at my friend's house and come home?

가: 어제 숙제를 다 하고 잤어요?
A: Did you finish all your homework before sleeping last night?
나: 아니요, 숙제를 하다가 피곤해서 잤어요.
B: No, I was doing my homework but went to sleep because I was so tired.

가: 인천에 어떻게 가는지 알아?
A: Do you know how to get to Incheon?
나: 응, 알아. 2호선을 타고 가다가 시청역에서 1호선으로 갈아타.
B: Yes, I do. You ride subway line 2 and then transfer to Line 1 at City Hall Station.

- **Note**

The subject of the first and second phrase must normally be the same. If it is combined with the past tense '었,' it shows the changed content after completion. It is not combined with '-겠-' of the future or a guess.

2. 으로/로[3]

- **Meaning and Usage**

This is used with a noun to show the result or object of an action's change.

- **Form**

'로' is used when the noun ends with a vowel or 'ㄹ' and '으로' is used when it ends with a consonant.

Noun ending	Combine with	Example
Consonant	으로	냉면으로, 빨간색으로
Vowel, ㄹ	로	바지로, 지하철로

- **Example**

학교 근처에 있는 은행에서 중국 돈을 한국 돈으로 바꾸었어요.
I exchanged Chinese money into Korean money at a bank near school.
치마를 입었다가 불편해서 바지로 갈아입었어요.
I was wearing a skirt but changed into pants because it was uncomfortable.
버스를 타고 가다가 강남역에서 지하철로 갈아탔어요.
I was riding on a bus and transferred to the subway at Gangnam Station.

저는 물냉면으로 하겠습니다.
I'll decide on mul-naengmyeon.

가: 동대문에서 지하철 몇 호선으로 갈아타야 해요?
A: What subway line should I transfer to at Dongdaemun?
나: 4호선으로 갈아타세요.
B: Transfer to Line 4.

가: 영화 표는 몇 시 표로 하시겠어요?
A: What time will you choose for the movie ticket?
나: 5시 표로 하겠습니다.
B: I'll take the 5 o'clock ticket.

• **Note**

This is used with action verbs that indicate change such as '**갈아타다, 갈아입다, 갈아 신다, 갈다, 바꾸다, 교환하다, 환전하다.**' It is also used when choosing among different objects.

<2> To get there faster, go by way of Seoul Station.

Dialogue

Yuki: Driver, please take me to Gyeongbok Palace.
Driver: Yes, I got it.
Yuki: It's not rush hour but there is so much traffic.
Driver: To get there faster, it will be good to go by way of Seoul Station.
(nearby the Gyeongbok Palace)
Yuki: We are almost there. Please stop in front of the bakery after you turn left at the Three-way intersection over there.
(in front of the bakery)
Driver: Ma'am, we are here. Please be careful when you get off.

Dialogue Vocabulary

기사 driver
경복궁 Gyeongbok Palace
출퇴근 enter and leave one's office
밀리다 to be backed up
삼거리 three-way intersection
좌회전하다 to make a left turn
세우다 to stop

Vocabulary expansion

광장 시장 Gwangjang market
우회전 right turn
유턴 U-turn
좌회전 left turn
주차 금지 no parking
주차장 parking lot
직진 straight ahead
막히다 to be stuck
주차하다 to park

Grammar

1. -으려면/려면[1]

• **Meaning and Usage**

This is used with an action verb to express the subject's intention to do something or when assuming something will happen in the future.

• **Form**

'**-려면**' is used when the action verb stem ends with a vowel or 'ㄹ' and '**-으려면**' is used when it ends with a consonant.

Action verb stem ending	Combine with	Example
Consonant	-으려면	받으려면, 먹으려면
vowel or ㄹ	-려면	만나려면, 살려면

• **Example**

라면을 먹으려면 먼저 물을 끓이세요.
First boil some water if you want to eat ramen.
내일 늦게 일어나지 않으려면 일찍 자라.
Sleep early if you don't want to wake up late tomorrow.
잡채를 만들려면 고기와 채소를 사야 해요.
You have to buy meat and vegetables if you want to make japchae.
경복궁에 가려면 272번이나 708번 버스를 타세요.
Take Bus 272 or Bus 708 if you want to go to the Gyeongbok Palace.

가: 한국말을 잘하고 싶어요.
A: I want to speak Korean well.
나: 한국말을 잘하려면 한국 친구를 사귀세요.
B: Make a Korean friend if you want to speak Korean well.

가: 이태원에 어떻게 가는지 알아요?
A: Do you know how to go to Itaewon?
나: 네, 이태원에 가려면 지하철 6호선을 타세요.
B: Yes, take subway Line 6 if you want to go to Itaewon.

• **Note**

The subject of the first and second phrases should normally be the same. A command, request, suggestion, or '**-어야 하다**' follows at the end of the sentence.

2. 으로/로 해서

- **Meaning and Usage**

This is used with a noun that indicates a location and shows how one must go via or by way of that place.

- **Form**

'로 해서' is used when the noun ends with a vowel or 'ㄹ' and '으로 해서' is used when it ends with a consonant.

Noun ending	Combine with	Example
Consonant	으로 해서	명동으로 해서, 신촌역으로 해서
vowel or ㄹ	로 해서	학교로 해서, 마을로 해서

- **Example**

집에 갈 때 병원 쪽으로 해서 가요.
Go by way of the hospital on your way home.
그 버스는 명동으로 해서 인천공항에 가요.
That bus goes to the Incheon Airport via Myeong-dong.
이 길로 해서 오면 기숙사에 더 빨리 올 수 있어요.
If you go through this road, you can arrive at the dormitory faster.
영국에 여행을 갈 때 프랑스로 해서 가려고 해요.
I intend on going through France when I go on my trip to England.

가: 학교에 올 때 어디로 해서 와요?
A: Which way do you go through when you come to school?
나: 저는 학생회관 앞으로 해서 와요.
B: I go in front of the student hall and come.

가: 손님, 어디로 해서 갈까요?
A: Passenger, through which way should we go?
나: 시청 앞으로 해서 가 주세요.
B: Please go by way of the City Hall.

- **Note**

This is used in front of action verbs that carry the meaning of come(오다) or go(가다).

Unit 12 School Life

<1> You need to keep using the word so you can remember it.

Dialogue

Haneul: John, we have a test next week, right? Are your exam studies going well?
John: I'm reviewing what I learned but I keep forgetting the words because there are so many.
Haneul: It's good to practice while saying the words aloud. Try to use the words you memorized when you speak.
John: Yes. I have to keep using the words so I can remember them, right?
Haneul: Yes. It's not easy but you'll do well if you diligently practice.
John: Thanks. Let's go to lunch after the exam is over.

Dialogue Vocabulary

자꾸 **frequently**
연습하다 **to practice**
사용하다 **to use**
잊어버리다 **to forget**
외우다 **to memorize**
기억하다 **to remember**

Vocabulary expansion

메모 **memo**
끝내다 **to end or finish**
마치다 **to end or finish**
발표하다 **to announce or make a presentation**
지각하다 **to be tardy or late**
질문하다 **to ask a question**
출석하다 **to attend or be present**
버튼 **button**
대답하다 **to reply or answer**

Grammar

1.-어야/아야/여야

- **Meaning and Usage**

This is used with an action or descriptive verb to show that what is expressed first is a necessary condition for the content that follows.

- **Form**

'-아야' is used when the action or descriptive verb stem ends with 'ㅏ, ㅗ.' '-어야' is used when it ends with the other vowels 'ㅓ,ㅜ,ㅡ,ㅣ' and '-여야'(해야) is used when it ends with '하-.'

Action or descriptive verb stem ending	Combine with	Example
ㅏ, ㅗ	-아야	가야, 많아야
Other vowels (ㅓ,ㅜ,ㅡ,ㅣ)	-어야	먹어야, 커야
하	-여야(해야)	일해야, 따뜻해야

- **Example**

책을 많이 읽어야 아는 것이 많아집니다.
You have to read a lot of books to know a lot of things.
운동을 열심히 해야 건강하게 살 수 있어요.

You have to diligently exercise to live a healthy life.
여권이 있어야 외국에 여행을 갈 수 있습니다.
You need to have a passport in order to travel to foreign country.
놀이공원에 들어갈 때 학생이어야 할인을 받을 수 있다.
You need to be a student in order to get a discount when you enter into an amusement park.

가: 에릭 씨, 지금 여기로 올 수 있어요?
A: Eric, can you come over here right now?
나: 아니요, 저는 일을 끝내야 갈 수 있어요.
B: No, I can go only after I'm done with work.

가: 우리 30분 후에 출발할까?
A: Shall we leave in thirty minutes?
나: 아니, 지금 출발해야 약속 시간에 늦지 않을 거야.
B: No, we need to leave now so we are not late to the appointment.

- **Note**

This is not combined with expressions in the past or future tenses. Moreover, a command or request cannot come at the end of the sentence.

2. -으면/면 되다

- **Meaning and Usage**

This is used with an action or descriptive verb stem to show that if something is prepared, it is enough or complete.

- **Form**

'**-면 되다**' is used when the action or descriptive verb stem ends with a vowel or 'ㄹ' and '**-으면 되다**' is used when it ends with a consonant.

Action or descriptive verb ending	Combine with	Example
Consonant	-으면 되다	받으면 되다, 많으면 되다
vowel or ㄹ	-면 되다	쓰면 되다, 들면 되다

- **Example**

볶음밥을 만들 때 먼저 채소를 볶다가 밥을 넣어서 같이 볶으면 됩니다.
When making fried rice, fry the vegetables first and then after adding rice, fry them together.
병원에 가려면 횡단보도를 건너서 오른쪽으로 가면 됩니다.
If you want to go to the hospital, cross the crosswalk and just go to the right.
고향에서 가지고 온 휴대 전화를 사용하고 싶은데 어떻게 하면 돼요?
I would like to use the cellphone I brought from my hometown so what should I do?
저는 혼자 살 거니까 방이 넓지 않아도 됩니다. 따뜻하면 됩니다.
The room doesn't need to be large because I'll be living by myself. It just needs to be warm.

가: 돈을 찾고 싶은데 어떻게 해야 해요?
A: I would like to withdraw some money so what should I do?
나: 여기에다가 카드를 넣으면 됩니다.
B: You just need to put your card in here.

가: 시험 공부는 교과서 몇 쪽까지 할까요?
A: To what page in the textbook should I study for the test?
나: 80쪽까지 하면 됩니다.
B: You just need to study up until page 80.

<2> You can come in person or register through the internet.

Dialogue

Male: Hello? I'm calling because I have a question.
Worker: Yes, how may I help you?
Male: I would like to learn Korean next semester but how do I register for it?
Worker: You can turn in your registration form in person or you can register through the internet.
Male: When is the deadline for registration?
Worker: It is until the 20th of next month. There are documents that are required so please check the homepage.

Dialogue Vocabulary

신청하다 to apply
직접 in person or directly
신청서 application or registration form
내다 to turn in
홈페이지 homepage

Vocabulary expansion

결과 result
교환 exchange
기간 time period
등록 registration
등록금 registration fee
시간표 time schedule
취소 cancellation
휴학 temporary absence from school

Grammar

1. -는데요/은데요/ㄴ데요

- **Meaning and Usage**

This is used with an action or descriptive verb when

the speaker is talking about something and is expecting a response from another person.

- **Form**

'-는데요' is used after action verbs including '있다' and '없다.'

'-ㄴ데요' is used when the descriptive verb stem ends with a vowel or 'ㄹ' and '-은데요' is used when it ends with a consonant.

Verb stem ending	Combine with	Example
Action verb, 있다, 없다	-는데요	먹는데요, 가는데요, 있는데요
Consonant (descriptive verb)	-은데요	작은데요, 좋은데요, 싫은데요
Vowel, ㄹ (descriptive verbs)	-ㄴ데요	큰데요, 친절한데요, 먼데요

- **Example**

저는 지금 밥을 먹는데요.
I am eating right now.
나는 오늘 할 일이 많아서 바쁜데.
I'm busy today because I have a lot of things to do.
제 동생은 경제학을 전공하는 대학생인데요.
My young brother is a college student majoring in economics.
죄송합니다만 다음 학기 신청 기간이 벌써 끝났는데요.
I'm sorry but the time period for registration for next semester is already over.

가: 여보세요, 노라 씨, 지금 오고 있지요?
A: Hello, Nora. You're on your way here, right?
나: 네, 지금 가고 있는데요.
B: Yes, I'm on my way now.
가: 모두 기다리고 있으니까 빨리 오세요.
A: Everyone is waiting for you so please hurry and come.

가: 에어컨을 켤까요?
A: Shall we turn on the air conditioner?
나: 저는 좀 추운데요.
B: But I'm a little cold.
가: 그럼 에어컨을 켜지 맙시다.
A: Then let's not turn it on.

- **Note**

When this is used with interrogatives such as 'who(누구), what(무엇), where(어디), when(언제), and why(왜),' the sentence is requesting an answer.

2. -거나

- **Meaning and Usage**

This is used with an action or descriptive verb stem. One of those verbs which come before or follow after this form shows your selection among choices.

- **Example**

혼자 있을 때는 책을 읽거나 영화를 봐요.
When I am by myself, I read a book or watch a movie.
음악을 듣거나 운동을 하면 기분이 좋아져요.
My mood improves when I listen to music or exercise.
아프거나 외로울 때 고향에 가고 싶어져요.
I feel like I want to go to my hometown when I am sick or lonely.
사람들이 많거나 시끄러운 곳에서는 살고 싶지 않아요.
I don't want to live where too many people live or where it's too noisy.

가: 노라 씨, 공부하다가 모르는 단어가 있으면 어떻게 해요?
A: Nora, what do you do when you don't know a word while you are studying?
나: 저는 사전을 찾거나 친구에게 물어봐요.
B: I either look it up in the dictionary or ask a friend.

가: 우진 씨는 보통 주말에 뭘 하세요?
A: What do you normally do on the weekends, Woojin?
나: 저는 자전거를 타거나 등산을 가요.
B: I ride my bike or go hiking.

- **Note**

This is not combined with '-겠-,' which indicates the future tense or a guess.

Unit 13 Public Institutions

<1> You need to first make a bankbook.

Dialogue

Huang: I came because I wanted to make a debit card.
Bank clerk: Do you have a bankbook at our bank?
Huang: No, I don't have a bankbook at this bank.
Bank clerk: Then, you need to first make a bankbook. Did you bring your passport and ID with you?
Huang: Yes, here they are.
Bank clerk: Enter your password and sign here. Please take a seat and wait for a moment while your bankbook and card are being made.

Dialogue Vocabulary

체크카드 debit card　　통장 bankbook
우선 first　　비밀번호 password
서명하다 to sign one's name
잠시 a little while or moment

Vocabulary expansion

계좌 번호 account number
공과금 utility bill　　도장 seal or stamp
번호표 number ticket　　부부 husband and wife
순서 order or sequence　　저금 savings or deposit
현금 자동 인출기 automatic teller machine (ATM)
환전 exchange of money　　씻다 to wash or cleanse
(돈을) 찾다 to withdraw (money)

Grammar

1. 부터

- **Meaning and Usage**

This is used with a noun to show the first thing to do among many things.

- **Example**

저는 아침에 일어나면 물부터 마셔요.
I first drink water as soon as I wake up in the morning.
어제 집에 가서 숙제부터 했습니다.
I went home yesterday and did my homework first.
불고기를 만들려면 우선 고기부터 사야 해요.
If you want to make bulgogi, you have to first buy the meat.
수영을 하기 전에 먼저 준비 운동부터 하세요.
Do your warm up exercises first before going swimming.

가: 선물을 산 후에 밥을 먹을까요?
A: Shall we eat after we buy the present?
나: 아니요, 밥부터 먹읍시다.
B: No, let's eat first.

가: 집을 청소할 때 어디부터 해요?
A: Where do you clean first when you clean the house?
나: 저는 책상부터 정리해요.
B: I organize my desk first.

- **Note**

For the action verbs in the form of 'N(noun)하다,' you write 'N부터 하다.'
Ex) 저는 집에 가면 식사부터 해요.

2. -는 동안

- **Meaning and Usage**

This is used with action verbs including '있다' and '없다' to show that while the action in the first sentence is happening, the action in the second sentence is also taking place.

- **Example**

제가 책을 읽는 동안 동생은 게임을 했어요.
While I was reading a book, my younger brother was playing a game.
어머니께서 집에 안 계시는 동안 언니가 요리를 해 줬어요.
While my mother was not at home, my older sister cooked for me.
저는 한국에 사는 동안 여기저기 여행을 많이 다니고 싶어요.
I want to go on many different trips while I live in Korea.
여름방학 동안 이번 학기에 배운 것을 모두 복습하려고 합니다.
I plan on reviewing everything I learned this semester during the summer vacation.

가: 일을 다 끝냈어요?
A: Are you finished with all your work?
나: 네, 아이가 자는 동안 일을 다 끝냈어요.
B: Yes, I finished all my work while my child was sleeping.

가: 비행기를 타고 한국에 오는 동안 뭘 했어요?
A: What did you do on the airplane while you were coming to Korea?
나: 신문을 읽었어요.
B: I read the newspaper.

- **Note**

This cannot be used with descriptive verbs except for '있다' and '없다.' This cannot be used with action verbs that do not indicate a length of time such as '끝나다', '시작하다', or '타다.' It cannot be combined with the past tense form '-었-' or the future tense form or guess '-겠-.'

<2>Will you send this via airmail?

Dialogue

Olivia: I would like to send this package to Australia.
Worker: First, put it in a box and please wrap it up. Then place it on the scale.
(A little later)
Worker: Will you send this via airmail? Or will you send it by ship?
Olivia: It's not urgent so I plan on sending it by ship. How long will it take?
Worker: It will take about two months by ship.
Olivia: It will take two whole months?

Dialogue Vocabulary

소포 package or parcel　　상자 box

포장하다 to wrap
저울 scale
올려놓다 to place on top of something
항공편 by airmail
부치다 to send or ship
배편 by ship

Vocabulary expansion

국제 특급 Express Mail Service
길이 length
높이 height
무게 weight
봉투 envelope
우편번호 zip code
우표 stamp
크기 size
택배 package
낮다 to be low or short
높다 to be high or tall

Grammar

1.-을/ㄹ 건가요?

- **Meaning and Usage**

This is used with an action verb when asking a question to confirm another person's thought or plan.

- **Form**

'-ㄹ 건가요?' is used when the action verb stem ends with a vowel or 'ㄹ' and '-을 건가요?' is used when it ends with a consonant.

Action verb stem ending	Combine with	Example
Consonant	-을 건가요?	먹을 건가요?, 읽을 건가요?
Vowel, ㄹ	-ㄹ 건가요?	할 건가요?, 만날 건가요?

- **Example**

친구의 결혼식에 갈 때 양복을 입을 건가요?
Will you be wearing a suit when you go to your friend's wedding ceremony?
이 상자를 거실에다가 놓을 건가요?
Will you be putting this box in the living room?
어느 나라 돈으로 바꾸실 건가요?
To what country's currency will you be exchanging the money?
오늘 저녁에 무슨 음식을 만들 건가요?
What food will you be making tonight?

가: 기숙사가 불편해서 이사하려고 해요.
A: I plan on moving because the dormitory is uncomfortable.
나: 하숙집을 알아볼 건가요?
B: Will you be looking into a boardinghouse?
가: 네, 학교 근처 하숙집을 알아볼 거예요.
A: Yes, I will find out about a boardinghouse near school.

가: 내일 제주도에 갈 거예요.
A: I'm going to Jeju Island tomorrow.
나: 몇 시에 출발할 건가요?
B: What time will you be departing?
가: 아침 8시에 출발할 거예요.
A: I will leave at 8 o'clock in the morning.

- **Note**

This is used only with action verbs and cannot be used with descriptive verbs. If '-을/ㄹ 건가?' is used, it means one is talking to oneself or it is '하게' style.

2. 이나/나²

- **Meaning and Usage**

This is used with a noun to show that number or when the quantity is excessive.

- **Form**

'이나' is used when the noun ends with a consonant and '나' is used when it ends with a vowel.

Noun ending	Combine with	Example
Consonant	이나	삼 인분이나, 한 시간이나
Vowel	나	열 개나, 백 송이나

- **Example**

어제 너무 피곤해서 열두 시간이나 잤어요.
I was so tired yesterday that I slept twelve hours.
지난 주말에 동대문 시장에 가서 옷을 열 벌이나 샀어요.
I went to Dondaemun Market last weekend and bought ten sets of clothing.
아버지께서 어머니께 장미꽃을 백 송이나 선물하셨어요.
My father bought my mother 100 roses for a present.
형과 저는 모자를 좋아해요. 그래서 우리 집에 모자가 오십 개나 있어요.
My older brother and I like hats. That is why we have fifty hats at our house.

가: 길이 막혀서 경복궁에서 명동까지 두 시간 걸렸어요.
A: The road was congested so it took two hours to get from the Gyeongbok Palace to Myeong-dong.
나: 두 시간이나요?
B: It took two hours?

가: 그 가수는 자동차가 일곱 대나 있어요.
A: That singer has seven cars.
나: 와, 정말 많군요.
B: Wow, that's a lot of cars.

Unit 14 Telephone[2]

<1> The worker said that this product was the most popular.

Dialogue

Yuna: Oh, this is a new cellphone.
Nora: My old cellphone was broken so I went to the service center and the worker told me that it would be difficult to repair. That's why I bought a new one.
Yuna: I see. The color of the cellphone is really pretty.
Nora: I asked the worker at the store what the most popular item was these days and he said that this one was the best.
Yuna: Is it easy to search the internet, too?
Nora: Yes, the speed is really fast.

Dialogue Vocabulary

이전 before
고장 나다 to break down or be broken
서비스 센터 service center
고치다 to repair or fix
검색하다 to search
속도 speed

Vocabulary expansion

동영상 video file
위치 position
계산하다 to calculate
녹음하다 to record
통화하다 to speak over the phone

Grammar

1. -는다고/ㄴ다고/다고 하다

• **Meaning and Usage**

This is used with an action or descriptive verb and is used to indirectly relay information one has heard from another person. It is also used when a subject shows his or her thought or opinion about what he or she has heard as an indirect expression in a declarative sentence.

• **Form**

'-ㄴ다고 하다' is used when the action verb stem ends with 'ㄹ' or a vowel and '-는다고 하다' is used when it ends with a consonant. '-다고 하다' is used after a descriptive verb stem.

Verb stem ending	Combine with	Example
Consonant (action verb)	-는다고 하다	먹는다고 하다, 입는다고 하다
Vowel, ㄹ (action verb)	-ㄴ다고 하다	공부한다고 하다, 산다고 하다
Descriptive verb	-다고 하다	작다고 하다, 친절하다고 하다

• **Example**

에릭이 선생님께 날마다 한국어 신문을 읽는다고 합니다.
Eric told his teacher that he reads the Korean newspaper every day.
유키가 한국과 일본의 날씨는 비슷하다고 해요.
Yuki says that the weather in Korea is similar to that of Japan.
존이 먹고 싶은 음식은 중국 음식이라고 해.
John says that the food he wants to eat is Chinese food.
어제 어머니께서 저에게 여름 옷을 부쳤다고 하셨어요.
My mother told me she sent me my summer clothes yesterday.

가: 리타오도 오늘 저녁 모임에 와요?
A: Is Letao coming to the meeting tonight?
나: 네, 리타오한테서 연락이 왔는데 리타오도 오늘 모임에 온다고 해요.
B: Yes, I got a call from him and he said that he was coming tonight.

가: 노라 씨가 등산을 갈까?
A: Will Nora go hiking?
나: 노라 씨는 등산을 가지 않는다고 해요.
B: Nora said that she would not go hiking.

• **Note**

The negative form for action verbs is '-지 않는다고 하다' and the negative form for descriptive verbs is '-지 않다고 하다.' If it is combined with a noun, you use 'N이라고/라고 하다' and the negative form is 'N이/가 아니라고 하다.'

2. -냐고 하다

• **Meaning and Usage**

This is used with an action or descriptive verb as an indirect expression to indirectly relay what one has heard as a question from another person.

• **Example**

동생이 저에게 몇 시까지 수업을 듣냐고 해요.
My younger sister asked me what time my class was over.
아버지께서 저에게 요즘 많이 바쁘냐고 하셨어요.
My father asked me if I was very busy these days.
사무실 직원이 존 씨에게 전화번호가 몇 번이냐고 했어요.
The office worker asked John what his telephone number was.
한국에 오기 전에 무슨 일을 했냐고 저에게 물어보는 사람들이 많아요.
There are a lot of people who ask me what kind of work I did before I came to Korea.

가: 에릭한테 주말에 소풍을 갈 수 있냐고 물어봤어?
A: Did you ask Eric if he was able to go on a picnic over the weekend?
나: 응, 에릭도 주말에 소풍을 갈 수 있다고 했어.
B: Yes, Eric said he could go on a picnic over the weekend.

가: 유키 씨가 뭐라고 했어요?
A: What did Yuki say?
나: 유키 씨가 저에게 불고기를 어떻게 만드냐고 했어요.
B: Yuki asked me how to make bulgogi.

• **Note**

'-느냐고 하다' is used with action verbs including '있다' and '없다.' '-으냐고 하다' can be used when the descriptive verb stem ends with consonants except for 'ㄹ.'

<2> She is suggesting that all of us go on a picnic.

Dialogue

Eric: From whom did you just receive a text message?
Yuki: Nora sent me the text message. She is suggesting that all our classmates go on a picnic this Saturday.
Eric: That's a good idea. I heard that there were many people going for an outing to the Han River Park or Namsan because the weather is nice these days.
Yuki: Then should I suggest to everyone that we go to the Han River camping site?
Eric: Yes, it will be fun to ride bicycles and have a barbeque party there.
Yuki: Okay, then I'll contact everyone and tell them to bring anyone they want to come with.

Dialogue Vocabulary

방금 just now
함께 with
캠핑장 camping site
바비큐 barbeque
데려오다 to bring someone

Vocabulary expansion

농구공 basketball
답장 answer or reply
남기다 to leave
싸우다 to fight
지우다 to erase
확인하다 to confirm
가까이 near or nearby
따로 separately
멀리 far away

Grammar

1. -자고 하다

• **Meaning and Usage**

This is used with an action verb as an indirect expression to indirectly relay what one heard as a request from someone else.

• **Example**

윤아 씨가 방학을 하면 저하고 같이 여행을 가자고 합니다.
Yuna suggested we go on a trip together once the vacation starts.
친구가 저에게 이번 주말에 같이 고향 음식을 만들어서 먹자고 해요.
My friend suggested that we make our hometown food together and eat it this weekend.
룸메이트가 방이 더러우니까 같이 청소하자고 해요.
My roommate suggested that we clean the room together because it is dirty.
에릭 씨가 내일은 일찍 출근해야 하니까 오늘 저녁에 술을 마시지 말자고 해요.
Eric said let's not drink alcohol tonight because we have to go to work early tomorrow.

가: 반 친구들을 만나러 갈 거예요?
A: Are you going to meet your classmates?
나: 네, 친구들이 1시에 신촌에서 만나자고 했어요.
B: Yes, my friends said to meet at one o'clock at Sinchon.

가: 리타오, 존이 뭐라고 해?
A: Letao, what did John say?
나: 수업이 끝나고 같이 수영하자고 해.
B: He suggested that we go swimming after class.

2. -으라고/라고 하다

• **Meaning and Usage**

This is used with an action verb and is an indirect expression to relay a command one has heard from another person.

• **Form**

'-라고 하다' is used when the action verb stem ends with a vowel or 'ㄹ' and '으라고 하다' is used when it ends with a consonant.

Action verb stem ending	Combine with	Example
Consonant	-으라고 하다	먹으라고 하다, 읽으라고 하다
Vowel, ㄹ	-라고 하다	만나라고 하다, 만들라고 하다

• **Example**

레오 씨가 반 친구들에게 집들이에 꼭 오라고 해요.
Leo says his classmates must come to her housewarming party.
부모님께서 저에게 건강을 조심하라고 하셨어요.
My parents told me that I should take care of my health.

내가 동생에게 아이스크림을 사 가지고 오라고 했어.
I told my younger sibling to buy ice cream and come over.
의사 선생님이 저에게 담배를 피우지 말라고 하셨어요.
The doctor told me to not smoke cigarettes.

가: 노라한테 전화할 거야?
A: Are you going to call Nora?
나: 응, 노라가 나한테 전화하라고 했어.
B: Yes, Nora told me to call her.

가: 경찰이 뭐라고 해요?
A: What does the police officer say?
나: 저쪽에 있는 횡단보도로 건너라고 해요.
B: He says to cross the street at that crosswalk.

Unit 15 Reservations and Ordering

<1> The manager asked me to make reservations at a restaurant.

Dialogue

Eric: The manager asked me to make reservations at a restaurant because an important guest is coming next week. Where is a good place?
Woojin: How is the Sura Korean Restaurant near Namsan? Their food is delicious, and the service is good so I think they will like that place.
Eric: Really? I think that place would be good. I should call to make a reservation today.
Woojin: Ask the restaurant owner to give us a quiet room.
Eric: Okay, but do I also have to select the menu today?
Woojin: You still have a few days, so you should look at the menu ahead of time.

Dialogue Vocabulary

팀장 manager
서비스 service
선택 selection or choice
중요하다 to be important
메뉴 menu
남다 to remain

Vocabulary expansion

공휴일 legal holiday
날짜 date
마지막 last
말 the end
연락처 contact information
연말 end of the year
연초 beginning of the year
연휴 consecutive holidays
예약석 reserved seats
초 the beginning
평일 weekday
꺼내다 to take out or bring up
비다 to be empty

Grammar

1. -어/아/여 달라고(주라고) 하다

• **Meaning and Usage**

This is used with an action verb and is an expression of an indirect quote that relays the command of someone else in the form of '**-어 주다**' to another person

• **Form**

'**-아 달라고 하다**' is used when the action verb stem ends with 'ㅏ, ㅗ,' '**-어 달라고 하다**' is used when it ends with the other vowels 'ㅓ,ㅜ,ㅡ,ㅣ,' and '**-여 달라고 하다**'(**해 달라고 하다**) is used when it ends with '**하-**.'

Action verb stem ending	Combine with	Example
ㅏ, ㅗ	-아 달라고 하다	깎아 달라고 하다, 도와 달라고 하다,
Other vowels (ㅓ,ㅜ,ㅡ,ㅣ)	-어 달라고 하다	써 달라고 하다, 빌려 달라고 하다
하	-여 달라고 하다 (해 달라고 하다)	노래해 달라고 하다

• **Example**

올리비아 씨가 가게 주인에게 옷값을 깎아 달라고 합니다.
Olivia asks the clothes shop owner to give her a discount on the price of the clothes.
아이가 엄마에게 빵을 만들어 달라고 해요.
The child asks his mother to make him some bread.
어머니께서 형에게 아버지를 도와드리라고 하셨어요.
My mother asked my older brother to help my father.
언니가 저한테 우산이 없는 친구에게 우산을 빌려 주라고 해요.
My older sister tells me to lend an umbrella to my friend who doesn't have one.

가: 노라 씨가 한국 노래를 배우고 싶어 해요?
A: Does Nora want to learn Korean songs?
나: 네, 저에게 한국 노래를 가르쳐 달라고 해요.
B: Yes, she asked me to teach her Korean songs.

가: 레오 씨, 부인이 무슨 말씀을 자주 하세요?
A: Leo, what does your wife tell you often?
나: 저에게 아이하고 많이 놀아 주라고 해요.
B: She tells me to play with our child a lot.

• **Note**

When the other person's activity of giving is helpful to the speaker, '**-어/아/여 달라고 하다**' is used. However, when it is helpful to other people, '**-어/아/여 주라고 하다**' is used.
The indirect expression of '**~을/를 주다**' is written as '**~을/를 달라고(주라고) 하다.**'

2. 이라서/라서

- **Meaning and Usage**

This is used with a noun to show that something is the cause or reason for something else.

- **Form**

'이라서' is used when the noun ends with a consonant and '라서' is used when it ends with a vowel.

Noun ending	Combine with	Example
Consonant	이라서	학생이라서, 일요일이라서
Vowel	라서	가수라서, 관광지라서

- **Example**

제 고향은 섬이라서 배를 타고 가야 해요.
My hometown is an island, so I must take a boat to get there.
설렁탕은 맵지 않은 음식이라서 외국 사람도 잘 먹을 거예요.
Because seolleongtang isn't a spicy food, foreigners will like it.
유키 씨는 기자라서 출장을 자주 가요.
Yuki is a reporter, so she goes on business trips often.
이 자전거는 공원에서 빌린 거라서 돌려줘야 해요.
I rented this bicycle at the park, so I must return it.

가: 요즘 리타오 씨를 자주 만나요?
A: Do you get to meet Letao often these days?
나: 네, 리타오하고 같은 동아리라서 자주 만나요.
B: Yes, I meet him often because we are in the same club.

가: 지금 출근 시간인데 교통이 복잡하지 않네요.
A: It's rush hour right now but there isn't much traffic.
나: 네, 요즘 휴가철이라서 그런 것 같아요.
B: Yes, I think it's because it's the holiday season.

- **Note**

'이어서/여서' is used in conversation. '아니다' is written as '아니라서.'

<2> Please deliver one whole chicken.

Dialogue

Juang Choi: Hello? Is this the chicken restaurant?
Owner: Yes, it is.
Juang Choi: I'm at the Yonsei dormitory. Please deliver one whole chicken.
Owner: Alright. But we can only take cash payments because something is wrong with our card reader.
Juang Choi: Okay, I'll pay with cash. The French fries I ate last time were really tasty, so I'll order that, too.
Owner: Thank you. We will deliver it to you right away.

Dialogue Vocabulary

신용카드 **credit card**
이상 **something wrong**
현금 **cash**
결제하다 **to make a payment**
지난번 **last time**
금방 **right away**

Vocabulary expansion

과거 **past**
미래 **future**
외출 **going out**
현재 **present**
배달되다 **to be delivered**
배달시키다 **to order for delivery**
잊다 **to forget**
늘 **always**
아까 **a short while ago**
앞으로 **in the future**

Grammar

1. 만

- **Meaning and Usage**

This is used with a noun or adverb when speaking of one thing and excluding all other things.

- **Example**

고기는 먹지 않고 채소만 먹는 친구가 있어요.
I have a friend who doesn't eat meat but only vegetables.
어제 모임에 반 친구들이 다 왔는데 존 씨만 오지 않았어요.
All our classmates except John came to the meeting yesterday.
여기 앉아서 잠시만 기다리세요. 박 선생님은 곧 오실 거예요.
Please take a seat here and wait for just a moment. Ms. Park will be here shortly.
콘서트 표는 인터넷으로만 예매할 수 있습니다.
The concert tickets can only be reserved online.

가: 친구하고 통화했어요?
A: Did you talk to your friend on the phone?
나: 아니요, 문자메시지만 보냈어요.
B: No, I only sent a text message.

가: 하늘아, 빨리 일어나서 아침 먹어라.
A: Haneul, hurry up and wake up and eat your breakfast.
나: 엄마, 오 분만 더 잘게요.
B: Mom, let me sleep for just five more minutes.

- **Note**

This is used after '에', '에서', or '으로/로.'

Ex) 한국에만 있는 것이 뭐예요?

밖에서만 담배를 피울 수 있어요.

그분에게 이메일로만 연락했어요.

2. -었던/았던/였던

- **Meaning and Usage**

This is used with an action or descriptive verb when recalling an action or state completed in the past.

- **Form**

'-았던' is used when the action or descriptive verb stem ends in 'ㅏ, ㅗ,' '-었던' is used when it ends with the other vowels 'ㅓ, ㅜ,ㅡ,ㅣ,' and '-였던'(했던) is used when it ends with '하-.'

Action or descriptive verb stem ending	Combine with	Example
ㅏ, ㅗ	-았던	봤던, 좋았던
Other vowels (ㅓ,ㅜ,ㅡ,ㅣ)	-었던	먹었던, 슬펐던
하	-였던(했던)	공부했던, 따뜻했던

- **Example**

이 양복은 형의 결혼식 때 입었던 거예요.

This is the suit I wore to my older brother's wedding.

제가 남자 친구를 처음 만났던 곳이 이 식당입니다.

The place where I first met my boyfriend was at this restaurant.

같이 일했던 사람들 중에서 한국 사람이 한 명 있었어요.

There was one Korean among the people I used to work with.

아주 작았던 아이가 벌써 이렇게 커서 대학생이 되었군요.

This one very small child grew up so much and is already a college student.

가: 이전에 사용했던 사전인데 필요하시면 드리겠습니다.

A: This is a used dictionary, but I'll give it to you if you need it.

나: 네, 감사합니다.

B: Thank you.

가: 부산에서 먹었던 음식 중에서 뭐가 제일 맛있었어?

A: What was the most delicious food of all the things you ate in Busan?

나: 돼지 국밥을 먹어 봤는데 정말 맛있었어.

B: I tried the pork and rice soup and it was really delicious.

- **Note**

A noun related to the content is used following the form '-었던/았던/였던.' Words that express the time in the past are often used.

Unit 16 Health

<1> I have a fever and my headache is severe.

Dialogue

Doctor: Where do you feel pain?

Eric: I've had a fever from two days ago and my headache is severe. My throat hurts, too.

Doctor: Let me see. Your throat is very swollen, and you have a high fever.

Eric: I am coughing a lot and my nose is runny.

Doctor: You have a cold so take some medicine and get plenty of rest. Drink a lot of hot water as well.

Eric: Alright. Thank you.

Dialogue Vocabulary

열 **fever**
나다 **to have**
두통 **headache**
심하다 **to be severe**
붓다[1] **to swell up**
기침 **cough**
콧물 **nose runnings or drippings**
감기 **cold**
푹 **completely or entirely**

Vocabulary expansion

냄새 **smell**
땀 **sweat**
배탈 **stomach disorder**
변비 **constipation**
사고 **accident**
상처 **injury or wound**
소화 **digestion**
피 **blood**
뜨겁다 **to be hot**
목이 쉬다 **to have a hoarse throat**
몸이 떨리다 **to tremble in the body**
긋다 **to draw a line**
낫다[1] **to get well or recover**
낫다[2] **to be better**
붓다[2] **to pour**
잇다 **to join or connect**
젓다 **to stir**
짓다 **to build**

Grammar

1. -는/은/ㄴ 데다가

- **Meaning and Usage**

This is used with an action or descriptive verb stem to show the severity of the content that is described in the beginning by adding more information afterwards.

- **Form**

'-는 데다가' is used with action verbs including '있다' and '없다' after the verb stem. '-ㄴ 데다가' is used when the descriptive verb stem ends with a vowel or 'ㄹ' and '-은 데다가' is used when it ends with a consonant.

Verb stem ending	Combine with	Example
Action verb, 있다, 없다	-는 데다가	먹는 데다가, 가는 데다가, 있는 데다가
Consonant (descriptive verb)	-은 데다가	작은 데다가, 좋은 데다가, 싫은 데다가
vowel, ㄹ (descriptive verb)	-ㄴ 데다가	큰 데다가, 친절한 데다가, 먼 데다가

- **Example**

리타오 씨는 노래를 잘하는 데다가 춤도 잘 춰요.
Letao sings well and even dances well, too.
유키 씨는 똑똑한 데다가 친절해요.
Yuki is intelligent as well as kind.
출근 시간인데다가 사고까지 나서 길이 많이 막혀요.
There is so much traffic because it's rush hour and on top of that, there was an accident.
어제 주앙 씨는 지각을 한 데다가 숙제도 안 가지고 왔습니다.
Juang was late yesterday and didn't even bring his homework.

가: 날씨가 어때요?
A: How's the weather?
나: 비가 오는 데다가 바람도 불어요.
B: It's raining and even windy, too.

가: 노라 씨 고향은 어때요?
A: What is your hometown like, Nora?
나: 경치가 아름다운 데다가 공기도 좋아요.
B: The scenery is beautiful and even the air is good.

2. ㅅ동사

- **Meaning and Usage**

For some of the action verbs with stems that end with 'ㅅ,' the 'ㅅ' consonant placed under the vowel is removed when the following word starts with the vowels '으' or '어/아.' An abbreviation does not occur with the verb stem and word ending. These words are called 'ㅅ' verbs and include '긋다, 낫다, 붓다, 잇다, 젓다, and 짓다.'

- **Example**

여기에 선을 그으세요.
Draw a line right here.
드라마가 끝나면 이어서 광고를 합니다.
Commercials follow right after a drama.
국에 소금을 넣고 잘 저어야 해요.
After adding salt to the soup, you must stir it well.
약을 먹고 잘 쉬면 감기가 나을 거예요.
If you take medicine and get a lot of rest, you'll recover from your cold.

가: 어디에다가 집을 지었으면 좋겠어요?
A: Where would you like to build your house?
나: 아름다운 바닷가에 지었으면 좋겠어요.
B: I'd like to build it near a beautiful beach.

가: 왜 눈이 부었어요?
A: Why are your eyes swollen?
나: 슬픈 영화를 보고 울어서 그래요.
B: They are swollen because I cried after watching a sad movie.

- **Note**

'웃다, 씻다, and 벗다' are not included among 'ㅅ' verbs.

<2> First, you should at least apply this antiseptic to your wound.

Dialogue

Juang: I hurt my leg while playing soccer. It hurts so much that it's difficult to walk.
Pharmacist: You're bleeding a lot. You should at least apply this antiseptic to your wound for now.
Juang: Should I go to the hospital?
Pharmacist: Yes, you need to go to the hospital for treatment because your injury is serious.
Juang: Wouldn't the medical fee be expensive?
Pharmacist: If you have health insurance, it won't be that expensive.

Dialogue Vocabulary

약사 **pharmacist**
다치다 **to get hurt or injured**
소독약 **antiseptic** 바르다 **to apply**
치료 **treatment** 치료비 **medical fee**
건강 보험 **health insurance**

Vocabulary expansion

감기약 **cold medicine** 기침약 **cough medicine**
두통약 **headache medicine**
몸무게 **person's weight**
변비약 **constipation medicine**
선풍기 **electric fan** 소화제 **digestion medicine**
이상 **the above** 점수 **score**
토픽(TOPIK) **Test of Proficiency in Korean**
한약 **herbal medicine** 줄이다 **to reduce**

Grammar

1. 이라도/라도

• **Meaning and Usage**

This is used with a noun when making the best possible choice when your best options are not available.

• **Form**

'이라도' is used when the noun stem ends with a consonant and '라도' is used when it ends with a vowel.

Noun ending	Combine with	Example
Consonant	이라도	저녁이라도, 등산이라도
Noun	라도	영화라도, 커피라도

• **Example**

오늘 바쁘면 내일이라도 만납시다.
If you are busy today, let's at least meet tomorrow.
집에 밥이 없으면 라면이라도 주세요.
If there is no rice at home, then at least give me ramen, please.
도와줄 사람이 없으면 저라도 노라 씨를 도와드릴게요.
If there is no one to help you, Nora, at least I will help you.
돈이 없어서 여행을 가려면 아르바이트라도 해야겠어요.
I don't have enough money to go on a trip so I should get a part-time job.

가: 할 일이 없어서 너무 심심해.
A: I'm so bored because I have nothing to do.
나: 그럼 이 잡지라도 볼래?
B: Then do you want to at least read this magazine?

가: 명절 때 바빠서 고향에 못 갈 것 같아요.
A: I don't think I can go to my hometown because I'll so busy during the holidays.
나: 그럼 부모님께 전화라도 드리세요.
B: Then at least give your parents a call.

2. -지 않으면 안 되다

• **Meaning and Usage**

This is used with an action or descriptive verb to show that something must be done or that something must happen.

• **Example**

내일까지 이 일을 끝내지 않으면 안 됩니다.
You must finish this work by tomorrow.
아이가 쓰는 물건이라서 깨끗하지 않으면 안 돼요.
Because this is something that a baby uses, it must be kept clean.
그날은 토요일이라서 식당을 미리 예약하지 않으면 안 돼.
Because that day is a Saturday, we must make restaurant reservations ahead of time.
다른 나라로 여행을 가려면 여권을 만들지 않으면 안 됩니다.
You must make your passport if you want to travel to another country.

가: 여기에 전화번호를 꼭 써야 하나요?
A: Do I have to write my telephone number here?
나: 네, 전화번호를 쓰지 않으면 안 됩니다.
B: Yes, you must write your number.

가: 이 서류를 내일 내도 돼요?
A: May I turn in this document tomorrow?
나: 아니요, 오늘까지 내지 않으면 안 됩니다.
B: No, you must turn in the document by today.

• **Note**

This form has two negatives and is used to emphasize something positive.

Unit 17 Hobbies

<1> There's nothing more fun than watching a movie.

Dialogue

Nora: What is your hobby, Yuna?
Yuna: I'm really interested in music, so I enjoy watching videos on songs and dance. What about you, Nora?
Nora: I really love movies. There's nothing more fun than watching a movie.
Yuna: Do you also watch Korean films?
Nora: Yes. No matter how busy I am, I always watch a movie that has an actor that I like in it.
Yuna: Really? There's a place where we can watch movies for free. Do you want to go with me?

Dialogue Vocabulary

관심 **interest** 즐기다 **to enjoy**
아무리 **no matter how** 무료 **free**

Vocabulary expansion

가족 영화 **family movie**
공상 과학 영화 **science fiction movie**
공포 영화 **horror movie** 동물 **animal**
록 **rock** 만화 영화 **animated film**
멜로 영화 **melodramatic movie**
세계 **world** 전쟁 영화 **war movie**
달리다 **to run**

Grammar

1. 만큼

• **Meaning and Usage**

This is used with a noun to show the extent that something is similar to the word that comes before it. When '~만큼 ~은/는 없다' is used, it is used as a superlative.

• **Example**

아들이 아버지만큼 키가 컸다.
The son have grown as tall as their father.

그 아이는 어른만큼 밥을 많이 먹는다.
That child eats as much as an adult.

여행한 곳 중에서 제주도만큼 아름다운 곳이 없었어요.
Among all the places I've visited, there was no place as beautiful as Jeju Island.

우리 반에서 유키 씨만큼 열심히 공부하는 학생은 없어요.
There is no student in our class who studies as diligently as Yuki.

가: 우리 반에서 누가 요리를 제일 잘해요?
A: Who cooks the best in our class?
나: 레오 씨만큼 요리를 잘하는 사람은 없어요.
B: There isn't anyone who cooks as well as Leo.

가: 유키 씨 고향은 겨울에 날씨가 추워요?
A: Yuki, is it cold in the winter in your hometown?
나: 네, 서울의 겨울만큼 추워요.
B: Yes, it's as cold as Seoul.

• **Note**

This is not used with nouns of clear quantities in which judgment of extent is not needed.

예) 커피 한 잔만큼 주세요. (x)
냉면 한 그릇만큼 주세요. (x)

2. -어도/아도/여도

• **Meaning and Usage**

This is used with an action or descriptive verb to show that although the content at the beginning of the sentence is assumed or acknowledged, it has no relationship to or influence over the content that follows.

• **Form**

'-아도' is used when an action or descriptive verb stem ends with 'ㅏ, ㅗ' and '-어도' is used when it ends with the other vowels 'ㅓ,ㅜ,ㅡ,ㅣ.' '-여도'(해도) is used when the verb stem ends with '하-.'

Action or descriptive verb stem ending	Combine with	Example
ㅏ, ㅗ	-아도	와도, 작아도
Other vowels (ㅓ,ㅜ,ㅡ,ㅣ)	-어도	읽어도, 커도
하	-여도(해도)	전화해도, 복잡해도

• **Example**

책을 여러 번 읽어도 모르겠어요.
I still don't understand even after reading the book many times.

택시를 타고 가도 늦을 것 같아요.
I think I will be late even if I take a taxi to go there.

아무리 바빠도 밥을 먹어야 해요.
No matter how busy you are, you still have to eat.

유키 씨가 똑똑한 사람이어도 이 문제는 어려워할 거예요.
Even though Yuki is an intelligent person, she will still have difficulty with this problem.

가: 좀 피곤한데 숙제를 안 해도 돼요?
A: I'm tired so must I really do my homework?
나: 피곤해도 숙제는 해야 돼요.
B: Yes, you must do your homework even if you're tired.

가: 내일 눈이 오면 레오 씨가 등산을 안 갈까요?
A: Do you think Leo won't go hiking if it snows tomorrow?
나: 아니요, 레오 씨는 눈이 와도 등산을 갈 거예요.
B: No, Leo will still go hiking even if it snows.

<2> This is the piano my mother used to play on.

Dialogue

John: Yuna, do you know how to play the piano?
Yuna: Yes, I learned how to play from my mother. This is the piano my mother used to play on.
John: It sounds really nice.
Yuna: Doesn't it? I play the piano when I have some free time. What do you normally do?
John: I go jogging or fishing with my club members.
Yuna: Oh really? I'd like to go fishing, too. May I go with you next time?

Dialogue Vocabulary

피아노 **piano**
치다 **to play (the piano)**
조깅하다 **to go jogging**
낚시하다 **to fish**

Vocabulary expansion

기타 guitar
동전 copper coin
만화책 comic book
볼링 bowling
연극 play
오토바이 motorcycle
매다 to tie up
키우다 to bring up or raise
당구 billiards
드럼 drum
물고기 fish
새 bird
엽서 postcard
팩스 fax
올리다 to raise or lift up

Grammar

1. -을/ㄹ 줄 알다(모르다)

• **Meaning and Usage**

This is used with an action verb to express how you know the method of doing something or the ability to do it. When one does not know the method or have the ability to do something, you use '**-을/ㄹ 줄 모르다**.'

• **Form**

'**-ㄹ 줄 알다(모르다)**' is used when the action verb stem ends with a vowel or '**ㄹ**' and '**-을 줄 알다(모르다)**' is used when the action verb stem ends with other consonants.

Action verb stem ending	Combine with	Example
Consonant	-을 줄 알다(모르다)	먹을 줄, 읽을 줄 알다(모르다)
Vowel, ㄹ	-ㄹ 줄 알다(모르다)	할 줄, 만들 줄 알다(모르다)

• **Example**

저는 한글을 읽을 줄 알아요.
I know how to read the Korean alphabet.
제 친구는 일본어를 할 줄 몰라요.
My friend does not know how to speak Japanese.
노라 씨는 스케이트를 탈 줄 알아요.
Nora knows how to skate.
윤아 씨는 테니스를 칠 줄 알지만 잘 못 쳐요.
Yuna knows how to play tennis but cannot play very well.

가: 노라야, 불고기를 만들 줄 알아?
A: Nora, do you know how to make bulgogi?
나: 응. 만들 줄 알아.
B: Yes, I do.

가: 이 세탁기를 사용할 줄 알아요?
A: Do you know how to use this washing machine?
나: 아니요, 사용할 줄 몰라요.
B: No, I don't know how to use it.

• **Note**

This can only be used with an action verb and cannot be used with a descriptive verb.

2. -던

• **Meaning and Usage**

This is used with an action or descriptive verb to express a memory of an event, action, or state that continued for a specified amount of time in the past. It is also used to show an uncompleted event or action of the past that was interrupted. A noun that is related to the content follows the '**-던**.'

• **Example**

동생이 먹던 빵을 제가 다 먹었어요.
I finished the bread my young sibling had eaten.
이건 누가 마시던 커피예요?
Whose unfinished coffee is this?
이 노래는 내가 어렸을 때 자주 부르던 노래야.
This is a song that I used to sing a lot when I was young.
그 식당은 대학교 때 친구들과 자주 가던 식당이에요.
That restaurant is the place my friends and I visited often when we were in college.

가: 여기 있는 물을 제가 마셔도 돼요?
A: May I drink this water over here?
나: 그 물은 제가 마시던 물인데요.
B: That's the water I was drinking.

가: 이 옷은 새로 산 거야?
A: Were these clothes newly bought?
나: 아니, 언니가 입던 옷인데 나한테 줬어.
B: No, my sister used to wear them, but she gave them to me.

Unit 18 Plans[2]

<1> Whatever it is, it's good to make plans ahead of time.

Dialogue

Juang: Hanuel, what are you going to do during the vacation?
Haneul: I'm planning on getting a part-time job. I'd like to gain more experience and make some money.
Juang: You're not going to learn how to drive? I heard there are a lot of students who are learning how to drive during the vacation.
Haneul: I've already registered at the Driving Academy. Since I work part-time in the day, I am planning

on learning how to drive at night. What are you going to do during the vacation?
Juang: I'm not sure. I don't have any plans yet.
Haneul: Then try making some plans now. Whatever it is, it's good to make plans ahead of time.

Dialogue Vocabulary

경험 experience
쌓다 to accumulate or gain
벌다 to make or earn (money)
학원 academy
낮 day
밤 night
미리 ahead of time

Vocabulary expansion

겉 surface
바깥 outside
속 inside
아랫사람 one's junior or subordinate
어른 adult
윗사람 one's senior or elders
연기하다 to postpone

Grammar

1. -던데요

• Meaning and Usage

This is used with an action or descriptive verb when explaining with excitement the facts of what one has personally seen or felt in the past.

• Example

저는 오늘 도서관에서 존 씨를 봤어요. 존 씨가 열심히 책을 읽던데요.
I saw John at the library today. He was diligently reading his books.
존 씨가 노래대회에서 노래를 했어요. 아주 잘 부르던데요.
John sang at a singing contest. He sang very well.
유명한 식당에서 저녁을 먹었어요. 그 식당 음식이 아주 맛있던데요.
I had dinner at a famous restaurant and the food was delicious.
1시에 교실에 갔어요. 수업이 벌써 끝났던데요.
I went to class at one o'clock. The class was already over.

가: 하늘아, 유키가 어디에 있어?
A: Haneul, where is Yuki?
나: 조금 전에 식당에 있던데.
B: She was at the restaurant just a little while ago.

가: 흐엉 씨, 제주도가 어땠어요?
A: Huang, how was Jeju Island?
나: 경치가 정말 아름답던데
B: The scenery was truly beautiful.

• Note

This can only be used when the speaker is talking about what he or she has directly seen or heard. It cannot be used with a first-person subject with exception of the descriptive verbs that are subjective or psychological such as '**슬프다, 외롭다, 좋다, 아프다,**' etc.

2. 이든지/든지

• Meaning and Usage

This is used with interrogatives like '**언제, 누구, 어디, 무엇, 얼마**, and **무슨**,' to show that it doesn't matter what choice is made.

• Form

'**이든지**' is used when the noun ends with a consonant and '**든지**' is used when it ends with a vowel.

Noun ending	Combine with	Example
Consonant	이든지	무엇이든지, 무슨 음식이든지
Vowel	든지	누구든지, 언제든지

• Example

저는 맵지 않으면 뭐든지 잘 먹어요.
I can eat anything as long as it's not spicy.
시간이 있을 때 언제든지 전화하세요.
Call me whenever you have time.
주말에 한가하니까 어디든지 갈 수 있어요.
I can go anywhere because I'm free on the weekend.
일이 힘들면 누구에게든지 도와 달라고 하세요.
If this work is too difficult, ask anyone for help.

가: 흐엉 씨, 무슨 영화를 볼까요?
A: Huang, what movie should we watch?
나: 저는 무슨 영화든지 좋아요.
B: I'm okay with any movie.

가: 맥주를 더 마실 수 있어요?
A: May I drink more beer?
나: 네, 얼마든지 더 마실 수 있어요.
B: Yes, you may drink as much as you want.

<2> There are only two more months until graduation.

Dialogue

Yuna: There are only two more months until graduation. What will you do after graduation, John?

John: I haven't decided yet. What about you, Yuna?
Yuna: I plan on going to England and study there for about three years.
John: Are things going well with your preparations for studying abroad?
Yuna: No, they are not. I thought I would finish everything early but it's taking a lot of time.
John: Yuna, please call me before you leave. Let's have a farewell party with all our friends.

Dialogue Vocabulary

결정하다 to decide
유학 international study
한 about
정도 around
출국하다 to depart from a country

Vocabulary expansion

계획표 time schedule
고등학교 senior high school
매주 every week
매달 every month
매년 every year
유치원 Kindergarten
중학교 middle school
초등학교 elementary school
입학하다 to enter into a school

Grammar

1. 밖에

- **Meaning and Usage**

This is used with a noun and means "with the exception of this." Following this grammar form is a phrase made in the negative to show the speaker's expression of how small or few something is. It cannot be used with requests or commands.

- **Example**

집에서 학교까지 걸어서 십 분밖에 걸리지 않아요.
It only takes ten minutes to walk from my house to school.
식당에 손님이 두 명밖에 없어요.
There are only two customers in the restaurant.
흐엉 씨의 전화번호는 에릭 씨밖에 몰라요.
Eric is the only person who knows Huang's phone number.
저는 그 사람하고 한 번밖에 안 만났어요.
I only met that person once.

가: 존 씨, 어제 친구를 오래 기다렸어요?
A: John, did you wait a long time for your friend yesterday?
나: 아니요, 오 분밖에 안 기다렸어요.
B: No, I only waited for five minutes.

가: 유키 씨, 백화점에서 옷을 많이 샀어요?
A: Yuki, did you buy a lot of clothes at the department store?
나: 한 벌밖에 안 샀어요
B: I only bought one set of clothes.

- **Note**

1) '**밖에**' is used after the noun regardless of its ending.
2) It is not used with the negative expressions '**아니다**' or '**-지 말다**.'

2. -을/ㄹ 줄 알았다

- **Meaning and Usage**

This is used with an action and descriptive verb to show how something that was expected by the speaker is different from the actual results. It is always expressed in the past tense form.

- **Form**

'**-ㄹ 줄 알았다**' is used when the action or descriptive verb stem ends with a vowel or '**ㄹ**' and '**-을 줄 알았다**' is used when it ends with a consonant.

Action or descriptive verb stem ending	Combine with	Example
Consonant	-을 줄 알았다	받을 줄 알았다, 맛있을 줄 알았다
Vowel, ㄹ	-ㄹ 줄 알았다	올 줄 알았다, 힘들 줄 알았다

- **Example**

저는 이번 시험이 어렵지 않을 줄 알았어요.
I thought this test wouldn't be difficult.
오늘 일이 일찍 끝날 줄 알고 친구와 약속을 했어요.
I made an appointment with my friend today because I thought I would finish with work early.
언제나 손님이 많아서 그 식당의 음식이 맛있는 줄 알았어요.
I thought the food of that restaurant is good because there are always a lot of customers.
오늘이 유키 씨의 생일인 줄 알았어요.
I thought today was Yuki's birthday.

가: 흐엉 씨, 한국 생활이 어때요?
A: Huang, how is life in Korea?
나: 아주 재미있어요. 저는 한국 생활이 힘들 줄 알았어요.
B: It's really fun. I thought life in Korea would be difficult.

가: 하늘 씨, 아르바이트 하기가 어때요?
A: Haneul, how is working a part-time job?
나: 일이 쉬울 줄 알았어요. 그런데 생각보다 힘들어요.
B: I thought it would be easy but it's harder than I thought.

Unit 19 Travel[2]

<1> How long did you stay?

Dialogue

Olivia: You visited Busan last summer, didn't you? How long did you stay?
Leo: I stayed for three days and two nights.
Olivia: How was the hotel accommodations at that time?
Leo: It was near the beach. The hotel fee wasn't too expensive, and the facilities were clean.
The surrounding scenery was beautiful, too.
Olivia: How were you able to find such a good place like that?
Leo: After searching on the internet, I made reservations to the place that I liked the best.

Dialogue Vocabulary

-박 **nights**　　-일 **days**
숙박하다 **to lodge in or stay at**
시설 **facility**　　풍경 **scenery**
그렇게 **like that**

Vocabulary expansion

객실 **guestroom**　　교통편 **transportation**
기념품 **souvenir**　　렌터카 **rental car**
리포터 **reporter**
여행자 보험 **traveler's insurance**
여행지 **one's destination in travel**
예절 **courtesy or manners**
왕복 **roundtrip**　　일정 **itinerary**
전망 **view**　　팬 **fan**
편도 **one-way**　　항공권 **airline ticket**

Grammar

1. 이나/나[3]

- **Meaning and Usage**

This is used with a noun when guessing a quantity. It is often used with an interrogative sentence where the question is asking about quantity.

- **Form**

'**이나**' is used when the noun ends with a consonant and '**나**' is used when it ends with a vowel.

Noun ending	Combine with	Example
Consonant	이나	몇 시간이나, 몇 명이나
Vowel	나	얼마나, 몇 개나

- **Example**

모임에 사람들이 몇 명이나 왔어?
How many people came to the meeting?
하루에 커피를 몇 잔이나 드세요?
How many cups of coffee do you drink in a day?
고향에 며칠이나 있다가 올 거야?
After how many days will you stay at your hometown and return?
서울에서 부산까지 비행기로 얼마나 걸려요?
How long does it take to get to Busan from Seoul by airplane?

가: 어제 몇 시간이나 공부했니?
A: How many hours did you study yesterday?
나: 다섯 시간 공부했어.
B: I studied for five hours.

가: 한국에 오신 지 얼마나 되셨어요?
A: How long has it been since you came to Korea?
나: 3년쯤 됐어요.
B: It has been about three years.

2. -은/ㄴ 뒤에

- **Meaning and Usage**

This is used with an action verb to show how one action comes first in time and then another action follows. It is used to list different actions that follow an order by time or to emphasize an action that occurs after a designated time.

- **Form**

'**-ㄴ 뒤에**' is used when the action verb stem ends with a vowel or 'ㄹ' and '**-은 뒤에**' is used when it ends with a consonant.

Action verb stem ending	Combine with	Example
Consonant	-은 뒤에	먹은 뒤에, 읽은 뒤에
vowel, ㄹ	-ㄴ 뒤에	만난 뒤에, 만든 뒤에

- **Example**

저는 술을 끊은 뒤에 건강해졌어요.
My health improved after I quit drinking alcohol.
친구하고 같이 밥을 먹은 뒤에 영화를 봤어.
My friend and I watched a movie after eating together.
발표가 끝난 뒤에 질문해 주세요.
Please ask questions after the presentation.
사흘 뒤에 다시 만납시다.
Let's meet again after three days.

가: 대학교를 졸업한 뒤에 뭘 할 거예요?
A: What will you do after graduating from college?
나: 유학을 갈 거예요.
B: I'll go study abroad.

가: 오늘 날씨가 어떻다고 해요?
A: What was said about the weather today?
나: 비가 온 뒤에 추워질 거라고 해요.
B: They said it would rain and then it would get colder.

- **Note**

This is used only with action verbs and cannot be used with descriptive verbs.

<2> We decided to go on a trip overseas but where should we go?

Dialogue

Haneul: My family decided to go on a trip overseas during this vacation but where should we go?
John: How about Paris in France? There are many things to see and the food is delicious.
Haneul: There is a famous museum in Paris, right?
John: Yes, I was there last year and there were so many ancient relics. It was wonderful because there were so many old things that I saw for the first time.
Haneul: I'd like to go there, too. I'd better make reservations for plane tickets as soon as I get home today.
John: Yes, there will be many people traveling because of the holiday season. Look into it quickly.

Dialogue Vocabulary

해외여행 overseas trip　　볼거리 things to see
유물 relic　　옛날 ancient times
신기하다 to be wonderful or marvelous

Vocabulary expansion

가족 여행 family trip　　국내 여행 domestic trip
단체 관광 group tour　　배낭여행 backpacking
수학여행 school trip　　자유 여행 free traveling

Grammar

1. -기로 하다

- **Meaning and Usage**

This is used with an action verb to show a decision, resolution or promise.

- **Example**

수업이 끝나고 친구와 같이 점심을 먹기로 했어.
I decided to eat lunch together with a friend after class.
바쁘면 다음에 만나기로 하자.
Let's decide to meet next time if you're busy.
저는 내일부터 일찍 일어나기로 했어요.
I decided to wake up early from tomorrow.
비가 오면 등산을 가지 않기로 했어요.
We decided not to go hiking if it rains.

가: 집들이를 언제 하기로 했어요?
A: When did you decide to have the housewarming party?
나: 다음 주 토요일 저녁에 하기로 했어요.
B: I decided to have it next Saturday evening.

가: 오늘 오후에 뭘 할 거예요?
A: What are you going to do this afternoon?
나: 친구와 명동에 가기로 했어요.
B: I decided to go to Myeong-dong with my friends.

- **Note**

This can only be used with an action verb and not a descriptive verb. '-기로 했다' is used for the past tense. '-었-'is not used in front of '-기.'
Ex) 공부를 열심히 하기로 했다. (o)
운동을 열심히 했기로 했다. (x)

2. -자마자

- **Meaning and Usage**

This is used with an action verb to show how something occurs right after another event.

- **Example**

부산에 도착하자마자 부모님께 전화를 드리세요.
Call your parents as soon as you arrive in Busan.
배가 고파서 수업이 끝나자마자 점심을 먹으러 갈 거예요.
I will go to eat lunch as soon as the class is over because I'm hungry.
엄마를 보자마자 아기가 웃어요.
The baby smiles as soon as he sees his mother.
우리가 밖에 나가자마자 비가 오기 시작했어요.
It started to rain right after we went outside.

가: 이번 방학에 뭘 할 거야?
A: What are you going to do during this vacation?
나: 방학하자마자 여행을 갈 거야.
B: I am going to travel as soon as the vacation begins.

가: 왜 버스를 타지 않고 걸어서 왔어요?
A: Why did you come here by walking and not take the bus?
나: 버스가 출발하자마자 사고가 났어요.
B: There was an accident right after the bus departed.

• **Note**

This is used only with an action verb and cannot be used with a descriptive verb.
It cannot be combined with the past tense form '-었-' or the future tense form or guess '-겠-.'

Unit 20 Weather and Lifestyle

<1> They say it will rain a lot so let's go next time.

Dialogue

Nora: They say that it will rain a lot this Saturday so let's go on our trip next time.
Yuna: Do they say it will continue to rain until Sunday?
Nora: Yes. I saw the weather forecast and it says there will be strong winds and the temperature will drop.
Yuna: I guess it will be difficult to go on the trip. Then what should we do over the weekend?
Nora: Hm, instead of going outside, why don't we just watch a movie at the house?
Yuna: Okay. Let's order food and eat it instead of cooking.

Dialogue Vocabulary

계속 continuously
강하다 to be strong
그냥 just
내리다 to come down
기온 temperature

Vocabulary expansion

남이섬 Nami Island
미세 먼지 fine dust
습관 habit
안개 mist or fog
열쇠고리 keychain
영상 video
영하 sub-zero temperature
최고 highest
최저 lowest
춘천 Chuncheon
태풍 typhoon
강하다 to be strong
개다 to clear up
그치다 to stop
끼다 to gather or envelop
습하다 to be humid

Grammar

1. -는다고/ㄴ다고/다고 하니까

• **Meaning and Usage**

This is used with an action or descriptive verb when giving direction or persuasion for an action after citing the reference of another person's words.

• **Form**

'**-ㄴ다고 하니까**' is used when the action verb stem ends with '**ㄹ**' or a vowel and '**-는다고 하니까**' is used when it ends with a consonant. '**-다고 하니까**' is used after a descriptive verb stem.

Verb stem ending	Combine with	Example
Consonant (action verb)	-는다고 하니까	먹는다고 하니까, 입는다고 하니까
Vowel, ㄹ (action verb)	-ㄴ다고 하니까	공부한다고 하니까, 산다고 하니까
Descriptive verb	-다고 하니까	작다고 하니까, 친절하다고 하니까

• **Example**

리타오 씨가 다음 주에 고향에 돌아간다고 하니까 송별회를 합시다.
Letao said that he is returning to his hometown next week so let's have a farewell party.
평일에는 모두 바쁘다고 하니까 주말에 만나는 것이 좋겠어.
Everyone said that they are busy on the weekdays, so it would be good to meet on the weekend.
내일이 유키 씨 생일이라고 하니까 오늘 선물을 준비해야겠어요.
I heard that tomorrow is Yuki's birthday, so I'd better prepare a present for her today.
오늘은 도서관 문을 닫았다고 하니까 내일 갈까?
I heard that the library is closed today so shall we go tomorrow?

가: 책을 사고 싶어요.
A: I want to buy a book.
나: 학교 근처에 큰 서점이 있다고 하니까 거기에 가 보세요.
B: I heard there is a large bookstore near the school so try going there.

가: 오늘 흐엉 씨하고 같이 저녁을 먹을까요? 삼겹살이 어때요?
A: Shall we eat dinner with Huang tonight? What do you think about samgyeopsal?
나: 흐엉 씨는 고기를 안 먹는다고 하니까 다른 걸 먹읍시다.
B: Huang said that she doesn't eat meat so let's eat something else.

2. -지 말고

• **Meaning and Usage**

This is used with an action verb when giving a command or suggestion to not do a certain action mentioned first but instead do the action mentioned later.

• **Example**

길이 많이 막히니까 버스를 타지 말고 지하철을 탑시다.
There is a lot of traffic so let's not take the bus but ride the subway.
술을 많이 마시지 말고 하루에 30분 운동을 하십시오.
Don't drink so much alcohol but instead, exercise for 30 minutes a day.

이 음식은 만든 지 오래됐으니까 먹지 말고 버리자.
It's been a long time this dish has been made so don't eat it but throw it away.

에릭 씨는 회의 중이니까 전화하지 말고 문자 메시지를 보내세요.
Eric is in the middle of a meeting so don't call him but send a text message.

가: 목이 부어서 아파요.
A: My throat is swollen so it hurts.
나: 말을 많이 하지 말고 따뜻한 물을 자주 드세요.
B: Don't talk too much but frequently drink warm water.

가: 결혼식에 입고 갈 정장이 없어서 사야 할 것 같아요.
A: I don't have a suit to wear to the wedding, so I think I have to buy one.
나: 잠깐 입을 건데 사지 말고 빌리세요.
B: You'll only wear it once so don't buy it. Just borrow a suit.

- **Note**

This can only be used with an action verb and cannot be used with a descriptive verb.
An imperative or request usually comes at the end of the sentence.
Ex) 수업에 늦지 말고 일찍 왔어요. (x)
수업에 늦지 말고 일찍 오세요. (o)

<2> That is why people wore light clothing.

Dialogue

Yuki: Today's weather is very nice. I think the air is clean because it rained yesterday.
Eric: The weather forecast said that the weather will be clear and warm all day.
Yuki: Oh, that is why people are wearing light clothes.
Eric: The weather is so nice today. Do you want to go to Namsan Park after class?
Yuki: Okay, I heard that if we go up the Namsan Mountain, we can see the whole city of Seoul.
Eric: Then let's leave right after class. The sun will be so bright so let's take our hats and sunglasses.

Dialogue Vocabulary

종일 all day
오르다 to go up
그러면 then
햇빛 sunlight or sunshine

Vocabulary expansion

마스크 mask
비옷 raincoat
선크림 sunblock
실내 indoors
장화 boots
집안일 household matters
환기 ventilation
걸레질하다 to wipe with a damp cloth
다림질하다 to iron
설거지하다 to wash dishes
쓸다 to sweep
졸리다 to become sleepy
그래도 but
그러나 but or however
왜냐하면 because
하지만 but or however

Grammar

1. 접속사

- **Meaning and Usage**

This is a word that connects two sentences. Examples of conjunctions are '**그래도, 그래서, 그러나, 그러니까, 그런데, 그렇지만,** and **그리고**.'
그래도: This is used when the content of the second sentence is unrelated to the first one.
그래서: This is used when the content in the first sentence is the cause or reason for the second one.
그러나: This is used when the two sentences are opposites.
그러니까: This is used when the first sentence is the reason or reference for the second one.
그런데: This is used when the content of the second sentence is different from the first one.
그렇지만: This is used when acknowledging the content of the first sentence while making an opposing statement in the second one.
그리고: This is used when an additional information is added after the first sentence.
왜냐하면: This is used when the second sentence is the reason or reference for the first one.

- **Example**

열이 많이 납니다. 그리고 기침도 심합니다.
I have a high fever. And my cough is also severe.
다음 주에 동창회를 할 거예요. 그러니까 꼭 오세요.
We are having an alumnus meeting next week so please come.
비빔냉면을 다 못 먹었다. 왜냐하면 너무 매웠기 때문이다.
I couldn't finish eating the bibim-naengmyeon because it was too spicy.
친구와 콘서트를 보러 갔다. 그러나 남은 표가 없어서 그냥 집으로 돌아와야 했다.
I went to see a concert with my friend. But because there were no more tickets left, we had to just come back home.

가: 여행을 가고 싶지요?
A: You want to go on a trip, don't you?
나: 네, 그렇지만 시간이 없어요.
B: Yes, but I don't have time.

가: 너무 피곤해서 그냥 자고 싶어요.
A: I am so tired that I just want to go to sleep.
나: 그래도 씻고 주무세요.
B: You should still wash up and then go to sleep.

2. -을/ㄹ 테니까

- **Meaning and Usage**

This is used with an action or descriptive verb when connecting an uncompleted work as the reason for the following sentence. When the subject in the first sentence is in the first-person, it shows the will or plan of the speaker and when it is in the third-person, it shows the conjecture of the speaker.

- **Form**

'-ㄹ 테니까' is used when the action or descriptive verb stem ends with a vowel or 'ㄹ' and '-을 테니까' is used when it ends with a consonant.

Action or descriptive verb stem ending	Combine with	Example
Consonant	-을 테니까	읽을 테니까, 많을 테니까
vowel, ㄹ	-ㄹ 테니까	갈 테니까, 멀 테니까

- **Example**

호텔은 제가 예약할 테니까 유키 씨는 렌터카를 예약해 주세요.
I'll make the reservations for the hotel, so Yuki, please make the reservations for the rental car.
제가 김밥을 만들어 올 테니까 흐엉 씨는 음료수를 준비해 주세요.
I'll make the gimbap and come, so Huang, please prepare the drinks.
주말에는 극장에 사람이 많을 테니까 평일에 가세요.
There will be many people at the theater on the weekends so go on the weekday.
지금 가면 차가 밀릴 테니까 지하철로 갑시다.
If we go now there will be traffic, so let's take the subway.

가: 잠깐만 기다려 주시겠어요?
A: Can you wait for a little while?
나: 네, 커피를 마시면서 기다릴 테니까 천천히 오세요.
B: Yes. I'll be waiting while I drink coffee so take your time.

가: 지금 밤 11시인데 노라 씨에게 전화해도 될까요?
A: It's 11 o'clock at night right now but is it okay to call Nora?
나: 지금은 노라 씨가 자고 있을 테니까 내일 전화하세요.
B: Nora will be sleeping so call her tomorrow.

- **Note**

When the first sentence is in the first-person, it is not combined with a descriptive verb. It can be combined when the subject is in the third-person.

Ex) 제가 이따가 배가 고플 테니까 김밥을 사 가지고 가겠습니다. (x)
날씨가 따뜻할 테니까 너무 두꺼운 옷은 가지고 가지 마세요. (o)